지구를 살리는 85가지 방법

지구를 살리는 85가지 방법

1판 1쇄 인쇄 2013년 2월 25일
1판 2쇄 발행 2014년 1월 10일

지은이 안성철 그린이 김은진
발행인 박형준
펴낸곳 도서출판 거인
출판등록 제 10-2363호
주소 서울시 마포구 상수동 93-45 로하스타워 803호
전화 (02)715-6857, 6859 | **팩스** (02)715-6858

편집책임 안성철
디자인 박윤선
마케팅 이희경 김경진 서하나

지구를 살리는 85가지 방법

글 안성철 | 그림 김은진

머리말
우리 지구와 다양한 생명의 탄생

　"옛날 아주 먼 옛날에……." 좋은 이야기책은 대부분 이렇게 시작하지요. 지구에 대한 이야기도 이렇게 시작하는 것이 괜찮을 것 같아요. 지구의 역사는 커다란 수수께끼로부터 시작된답니다. 지구는 어떻게 어디에서 생겨났을까요? 우리가 알고 있는 사실이라고는 우주가 엄청나게 오래되었다는 것뿐이지요. 우주에서 커다란 폭발이 있었고 거대한 먼지구름이 만들어졌어요. 우리에게는 엄청난 행운으로 그중에 암석과 공기층을 만들어낼 수 있는 물질이 있었지요. 수소, 산소, 질소, 탄소, 철, 규소, 황, 우라늄 등등.

　왜 먼지구름 속에서 춤추고 있던 물질들이 40억 년 전에 우리가 살고 있는 세상이 만들어질 수 있도록 합쳐졌는지는 아직도 정확하게 알지는 못해요. 그러나 우리는 약 3억 년 전에 지구에 하나의 거대한 대륙이 있었다는 사실은 알고 있어요. 우리는 이 원시대륙을 판게아라

고 불러요.

　1억년 동안 이 대륙이 서로 떨어져나갔어요. 그리고 또 다시 현재 우리가 알고 있는 대륙(남극대륙, 오스트레일리아, 남·북 아메리카, 아프리카, 유럽, 아시아)으로 나눠지기까지는 그 두 배의 시간이 걸렸어요. 그것으로 끝이 아니에요.

　지금 이 순간에도 지구는 변하고 있어요. 대륙은 서서히 그리고 끊임없이 움직이고 있어요. 대륙은 지구 내부에 있는 아주 뜨거운 액체 상태로 되어있는 마그마 위에 떠 있는 상태이고 지금도 매년 2센티미터씩 유럽을 아프리카로부터 밀어내고 있답니다.

　이런 변화들이 일어나지 않았었다면 지금 우리가 살고 있는 지구는 없었을 거예요. 어쨌든 여러 가지 변화를 거쳐서 먼지구름으로부터 생명체가 살아갈 수 있는 행성이 만들어졌어요. 그러나 첫 번째 생명체가 어떻게 지구상에 나타났는지는 아무도 모르지요. 그렇지만 처음에는 아주 작은 박테리아들이 생겨나고 퍼져나갔어요. 박테리아들은 바다에서 태양광선이 주는 에너지를 받아서 그것을 먹이로 활용했어요. 약 2억 년 전에 박테리아로부터 첫 번째 식물이 생겨났지요. 이 식물

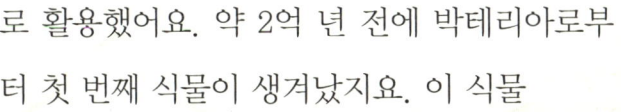

은 특히 수소와 이산화탄소를 먹이로 하고 산소를 배출했어요. 이 과정이 지구를 다시 한 번 변화시켰어요. 하루아침에 변한 것은 아니고 수백만 년에 걸쳐서 현재 우리가 숨 쉬는데 필요한 공기가 생겨났지요. 그리고 이런 공기를 만들어냈던 아주 작은 생명체는 자기가 만들어낸 공기를 견디지 못하고 죽어버렸어요.

이것이 지구에서 일어난 첫 번째 종의 멸종이에요. 그러고는 디노사우리아 같은 종의 멸종이 계속되었어요. 그리고 현재에도 종의 멸종은 멈추지 않고 있어요. 우리 인간들이 세상을 너무나 많이 변화시켜서 갈수록 많은 종의 동물과 식물들이 살아갈 수 없게 되고 있지요. 이런 현상이 세상에 어떤 영향을 미칠지는 아직 정확하게 알지 못한답니다. 그러나 지구에 사는 모든 생명체가 살아남을 수 있도록 하는 일은 분명히 의미가 있지요.

인간의 행동이 지구와 생명을 병들게 한다

현재 지구상에는 66억 6천만 명이 살아가고 있어요.

상상도 할 수 없는 엄청난 숫자예요. 이 많은 사람들이 먹고 마시고 있으며 옷을 입고 화장실 휴지, 컴퓨터, 자동차 등을 사용하고 있어요. 이 모든 것들은 자연이 주는 것으로부터 만들어져요. 사람들은 역사상 그 어느 때보다도 더 많은 "자원"을 소비하고 있지요. 왜냐하면 첫째, 지구에서 살아가는 인간의 수가 갈수록 늘어나기 때문이고 둘째, 갈수록 더 잘 살고 싶어 하기 때문이에요. 과거에는 아이들이 두세 켤레의 신발만 가지고 있었는 데 반해서 현재 우리를 포함한 잘사는 나라 아이들은 용도별로 각각의 신발을 가지고 있어요.

수많은 생활용품, 깨끗한 물, 지식, 기술 등이 과거에는 대부분의 사람들이 꿈도 꾸지 못했던 풍족한 삶을 살 수 있도록 해주고 있어요. 과거에 사람들은 겨울에는 추위에 떨고, 먼 길을 걸어 다녀야 했으며, 심지어 전쟁 시기에는 굶고 생명의 위협을 느끼며 살아가야 했답니다.
현재 우리에게는 상상하기도 힘든 일이지요! 그러나 남부 유럽, 아프리카, 아시아의 몇몇 나라, 남아메리카에 사는 아이들은 아직도 과거와 같은 생활을 잘 알고 있어요. 여전히 굶주림과 가난을 알고 있으며 전쟁을 겪고 있는 나라의 아이들도 있기 때문이에요.

우리는 우리의 삶이 다른 세계에 살고 있는 사람들의 삶에 영향을 미친다는 사실을 알고 있어요. 우리가 이곳에서 많은 자동차를 몰고 우리의 삶을 편안하게 해주는 물건들을 만드는 많은 공장들을 지으면 우리는 단지 많은 자원만 소비하는 것이 아니에요. 자동차와 공장굴뚝에서 많은 유해가스가 나오고 있어요.

이 유해가스는 바람을 타고 온 세계로 퍼져나가서 이곳에서 멀리 떨어져 있는 지역에서 사는 동물, 식물, 사람들을 병들게 해요.

우리가 행동하는 모든 것에는 결과가 따른답니다! 이런 사실에 대해서 우리는 평상시에는 전혀 느끼지 못하지만 좀 더 생각을 깊이 하고 알려고 노력한다면 좀 더 나은 세상을 만들 수 있는 방법을 알 수 있어요!

세상을 변화시킬 수 있는 방법-
더 나은 세상을 꿈꿔라!

인류 역사상 가장 유명한 연설 중 하나는 이렇게 시작해요.
"나는 꿈이 있습니다."

1929년부터 1968년까지 미국에서 살았던 마틴 루터 킹의 연설이에요. 킹 목사님은 정의와 인간의 평등을 위해 평생을 바쳤어요. 목사님에게는 검은색, 흰색, 어떤 피부색을 가지고 있건 그리고 예수, 부처, 모하메드, 어떤 신을 믿건 상관없이 모두가 같은 권리를 가져야 한다는 신념이 있었어요. 킹 목사님은 자신의 커다란 꿈을 실현시키기 위해서 아주 작은 것부터 시작했어요. 목사로서 아주 작은 교회에서 설교를 시작했고 점점 더 많은 사람들이 그의 꿈을 실현시키기 위해 활동하도록 설득할 수 있게 되었어요.

그가 1963년에 그 유명한 연설을 할 때 250,000명 이상의 사람들이 그의 연설을 들었답니다. 자신의 꿈을 가지고 세상을 변화시킬 수 있게 되었지요!

여러분도 할 수 있어요! 여러분이 꿈을 꾸고 더 나은 세상을 믿는다면 멋진 행동을 위한 아이디어가 샘솟을 뿐만 아니라 다른 사람들도 함께 할 수 있도록 설득시키는 데 즐거움을 느끼게 될 거예요! 이 책은 여러분이 그렇게 될 수 있도록 돕기 위한 책이에요.

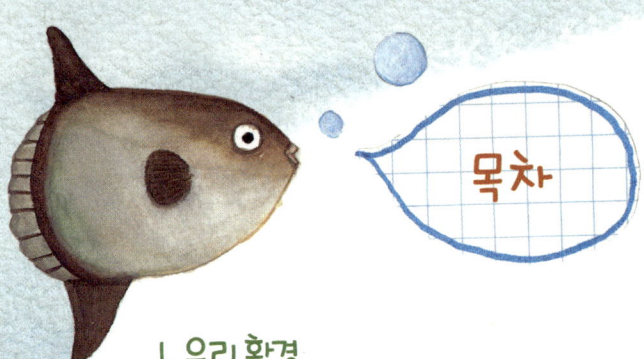

1. 우리 환경

생태계-모든 것이 서로 연결되어 있다 • 15 | 여러 생활권은 서로 영향을 준다 • 18 | 아주 작은 생명체와 그것들이 지구 전체에 미치는 상호작용을 발견하라! • 20 | 모든 생활공간에서 가장 작은 것들이 가장 큰 역할을 한다 • 21 | 청소하지 마세요! • 22 | 생태 틈새 • 24

2. 자연에 대한 소비와 자연보호

물건을 살 때부터 자연을 보호하자 • 27

3. 종의 다양성과 보호

왜 그리고 언제부터 종의 보호가 생겼을까? • 30 | 겨울에 동물에게 먹이를 주는 것이 좋을까? • 32 | 멸종위기 동물과 레드리스트 • 33

4. 우리 날씨는 어떻게 작동할까?

날씨와 기후의 차이는? • 36 | 세계의 기후변화가 일어나고 있다 • 38 | 왜 2도~3도의 차이가 그렇게 중요하고 세상을 변화시킬 수 있는가? • 39 | 기후의 법칙을 이해하라! • 41 | 수백만 년 전부터 기후는 변해왔다 • 42 | 과거엔 산성비가 기후변화를 가져왔다 • 43 | 이산화탄소가 현재와 미래의 기후를 변화시킨다 • 45

5. 인간과 인간의 영향력
인간은 그 어떤 다른 동물보다 세상을 더 많이 변화시킨다 • 50

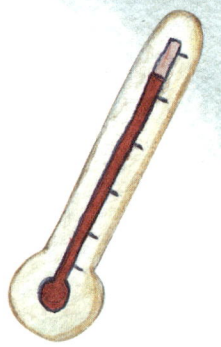

6. 세계의 빈곤
세상 사람 전부를 위한 빵과 소시지 • 52 | 우리가 먹는 소고기와 세상의 기아가 어떤 관계가 있나? • 54 | 어떻게 하면 세상의 배고픔이 없어질까? • 56 | 공정한 무역(fair_trade)은 어떻게 작동하는가? • 57

7. 우리의 음식은 얼마나 자연에 가까운가?
유기농업과 친환경 농법이란 무엇인가? • 62 | 사과와 바나나는 어떻게 병 안으로 들어가는가? 그리고 왜 들어갈까? • 64

8. 건강한 식생활
패스트 푸드 대신 슬로우 푸드를 먹자 • 66

9. 숨 쉬기 위한 공기

아주 특별한 층-오존층 • 69 | 오존에 관하여 • 71 | 자외선으로부터 여러분 자신을 보호하라! • 73 | 누가 공기를 오염시키는가? • 74 | 더 신선한 공기를 위한 제안 • 76 | 온실효과란 무엇인가? • 78 | 이산화탄소(CO_2)란 정확하게 무엇인가? • 81 | 누가 또는 무엇이 지구를 덥게 하는가? • 82 | 기후학자들의 경고와 요구사항 • 84

10. 숲과 나무

열대우림-적도를 둘러싼 녹색 띠 • 87 | 사막이 없다면 열대우림도 없다 • 89 | 톱질과 황산비 • 90 | 우리 숲에 사는 생명들 • 93 | 종이 낭비를 멈춰라! 독서클럽을 만들어라! • 95 | 재활용 종이가 나무와 기후를 돕는다 • 97

11. 물이 우리 지구를 파란색 행성으로 만든다

생명의 샘으로서의 물의 순환 • 99 | 물이 부족해진다! • 100 | 물고기가 위기에 처하다 • 103

12. 우리의 땅

우리 땅은 무엇으로 이뤄졌나? • 106 | 우리 땅을 망치는 세 가지 문제 • 108

13. 쓰레기
모든 쓰레기는 어디로 가는가? • 113 | 재활용의 정확한 의미는 무엇인가? • 116 | 그린피스가 제안하는 쓰레기 다이어트 • 117

14. 에너지
전기가 없는 세상은 상상할 수 없다 • 121 | 전기 • 123 | 대체 에너지원-바람, 물, 태양, 땅의 거대한 힘 • 125 | 에너지를 절약하라 • 129

15. 세상의 전쟁과 폭력
어린이-죄 없는 전쟁의 희생양 • 134 | 가정과 학교에서의 폭력 • 136 | 학교에서의 왕따 • 138 | 용기를 가져라! • 139

16. 세계화-정의로운가 아니면 나쁜가?
우리가 원하는 세상을 위해 스스로 변하라 • 142

1. 우리 환경

　자연에 있는 모든 것은 전부 다 연관되어 있어요. 식물이 없으면 동물도 없고, 동물이 없으면 사람도 존재할 수 없어요. 하나가 없으면 다른 것도 있을 수 없는 거예요. 그리고 공기, 물, 땅, 불과 같은, 우리 세상을 이루는 중요한 요소들 중 하나만 없어도 우리는 살아갈 수 없어요. 여기에 우리의 삶을 더욱 편안하게 만들어 주는 우리의 옷, 집, 자동차를 만들기 위한 기술과 공장도 있어야 해요. 이 모든 것을 우리의 환경이라고 말할 수 있어요.

　그렇다면 우리는 자연 없이도 살 수 있을까요? 목화와 같은 식물로부터 우리는 옷을 만들지요. 나무, 모래, 돌은 집을 짓기 위해 필요해요. 차를 몰기 위해 필요한 것은 뭐지요? 그렇죠. 석유지요! 우리는 석유를 땅속에서 가져온답니다. 우리는 이 세상에 존재하는 모든 것이 필요해요. 그리고 가끔 우리는 너무 많은 것을 소비해버린답니다. 우리가 자연이 견디지 못할 만큼 자연으로부터 많은 것을 가져다 쓰기 때문이에요.

생태계 - 모든 것이 서로 연결되어 있다

환경이 우리의 삶을 위해 제공하는 모든 것들을 이해하기 위해서는 서로 연결되어 있는 전체를 봐야 해요. 동물과 식물 그리고 돌, 땅, 공기, 물 등과 같은 생명이 없는 물체들도 서로 연결되어 있어요.

물, 신선한 공기, 나무에 달려 있는 사과 등은 확실하게 우리의 생명에 중요하지요. 그러나 우리가 살아갈 수 있게 해주는 많은 것들은 그냥 봐서는 잘 보이지 않아요.

꿀벌을 예로 들어보자면 벌이 없다면 우리는 꿀을 먹지 못할 거예요.

또한 벌은 우리가 살아가는 데 필요한 수많은 식물들이 열매와 씨를 맺게 해줘요.

그리고 쥐에 대해서도 생각해 볼까요? 쥐들은 특히 정원과 공원에 있는 식물들의 씨를 먹고서 소화시키지 못한 상태로 다른 곳에다 배설을 하지요.

그러면 그곳에서 식물들이 자라게 돼요. 또한 쥐는 부엉이, 고슴도치, 고양이 등이 좋아하는 음식이에요.

쥐들의 배설물은 땅에서 살고 있는 벌레들과 다른 생명체들이 다시 흙으로 만들어주지요. 식물들은 이런 흙을 좋아하고 식물들이 자라면 다시 쥐들이 그 식물의 씨를 먹게 된답니다.

어떤 생활영역에서 살고 있는 생명체 전체와 동물과 식물 그리고 돌, 흙, 공기, 물, 불 등이 서로에게 미치는 영향을 생태계라고 부른답니다. 이 이름은 환경을 연구하는 학자들이 붙여준 것이에요.

여러 생활권은 서로 영향을 준다

생태학자들은 지구를 여러 생활권으로 나눠요. 각각의 생활권은 날씨, 위치, 지형 등에서 공통점이 있어요. 어떤 지역이 항상 추운가 더운가에 따라서 또는 건조한가 습한가에 따라서 혹은 산악지역인가 평야지역에 위치하는가에 따라서 특정한 동물과 식물들은 그 지역에서 특별히 편안함을 느끼고 번성하지요. 생태학자들은 이런 현상을 특화라고 불러요.

문화권을 지도에서 찾아보면 마치 구부러진 띠모양처럼 생겼어요. 적도 주변 지역은 대부분 열대우림처럼 무더운 문화권이

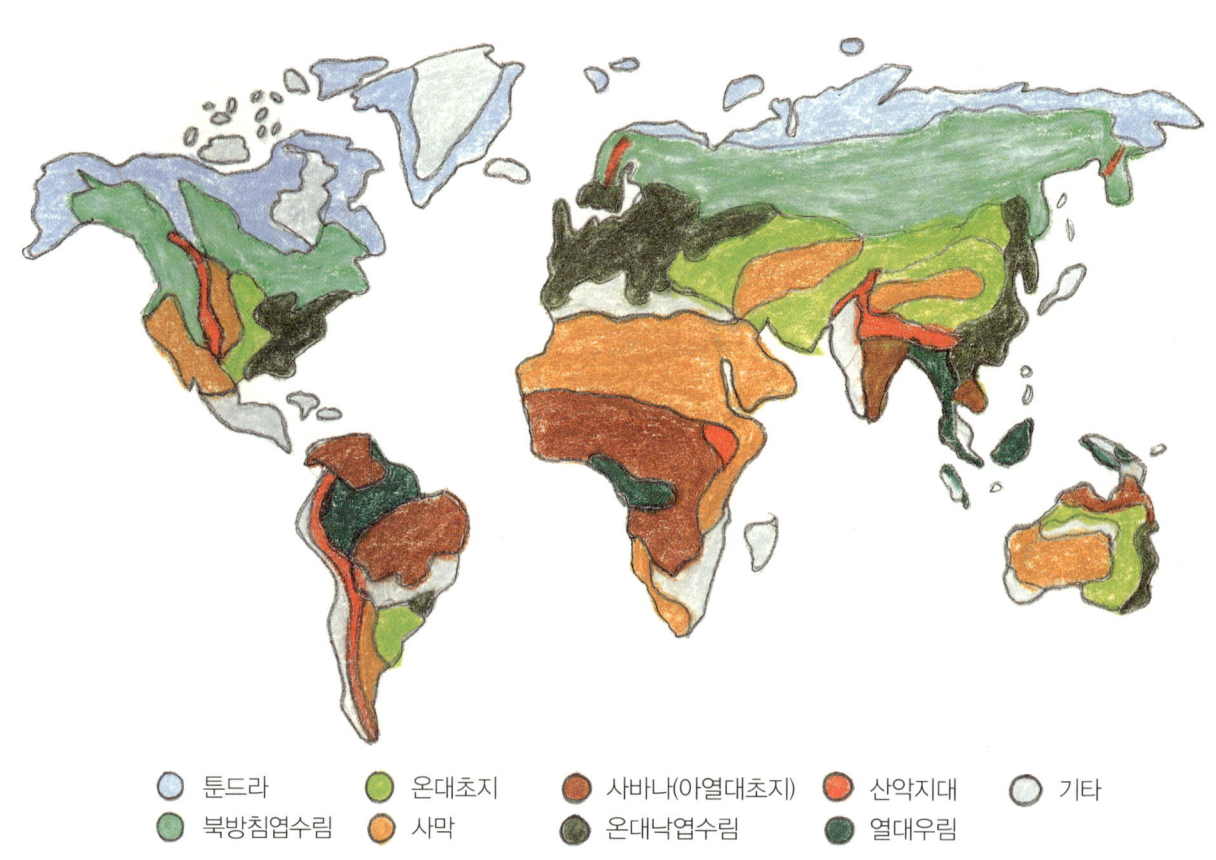

○ 툰드라　　○ 온대초지　　○ 사바나(아열대초지)　　○ 산악지대　　○ 기타
○ 북방침엽수림　○ 사막　　○ 온대낙엽수림　　○ 열대우림

에요. 북극과 남극 지역은 얼음으로 뒤덮인 추운 지역이에요. 이런 지역에 사는 동물과 식물은 더위 및 추위에 적응해서 살아가지요. 각각의 문화권이 지도상에서는 명확하게 구분된 것처럼 보이지만 어떤 문화권이 존재하지 않는다면 다른 문화권도 존재할 수 없답니다.

남극과 북극의 추위와 얼음이 없다면 지구 전체가 심하게 더워질 것이에요.
얼음이 태양광선의 많은 부분을 반사시켜서 우리 지구가 더 더워지지 않도록 하고 있기 때문이지요.

인간이 생활권을 파괴하는 것은 매우 위험한 일이에요. 예를 들어 숲을 갈아엎어서 거대한 경작지로 만든다면 그곳에 있는 식물뿐만이 아니라 수많은 동물들도 그들의 생활공간을 잃어버리게 되지요. 그러나 안타깝게도 종종 별다른 방법이 없을 때가 많아요.
그곳에 사는 사람들은 배가 고프고 식량을 구할 돈이 필요하기 때문이에요.

아주 작은 생명체와
그것들이 지구 전체에 미치는 상호작용을 발견하라!

작은 생물을 도와주세요. 왜냐하면 그것들이 다른 생물의 맛있는 음식이 될 뿐만 아니라 다른 중요한 역할도 하기 때문이에요. 여러분은 방안으로 들어오는 거미와 다른 곤충들을 다시 밖으로 내보내줄 수 있어요. 무섭거나 징그럽다고 비명을 지르면서 죽이지 않아도 된답니다.

작은 덫 같은 것을 사용하면 돼요.

그러면 여러분은 작은 동물들을 자세히 관찰할 수도 있고 그것들이 중요한 역할을 하는 바깥세상으로 다시 돌려보내줄 수도 있어요.

모든 생활공간에서 가장 작은 것들이 가장 큰 역할을 한다

모든 생명은 작은 것에서부터 시작한답니다. 식물도 동물도……

따라서 사람도 모두 배아에서 시작하지요. 그리고 아주 작은 생명체는 특히 중요해요.

놀랍지만 사실이에요. 박테리아, 곰팡이 그리고 눈에는 잘 보이지 않는 작은 존재들이 없으면 우리도 살아갈 수 없어요. 이것들은 주로 땅위 그리고 땅속에 있는 것들을 먹으며 살아가는데, 주로 죽은 식물과 동물의 배설물과 시체 등을 먹고 살아가요. 그렇기 때문에 종종 자연의 청소부로 비유되기도 해요. 그러나 단순한 청소부보다는 훨씬 더 중요한 역할을 해요. 왜냐하면 쓰레기를 치우는 것은 물론이고 땅과 공기에 중요한 기본물질을 만들어내기 때문이에요. 예를 들어 그것들이 낙엽을 분해하면서 이산화탄소를 만들어내고 이산화탄소는 식물이 살아가는 데 필요해요. 식물은 다시 모든 동물들에게 필요한 존재예요. 식량뿐만 아니라 신선한 공기를 공급하기 때문이지요. 이렇게 작은 생물들이 없다면 큰 동물들도 존재할 수 없어요.

청소하지 마세요!

　여러분이 집에서 정원 청소를 하게 되었다면 부모님에게 낙엽을 버리지 말자고 설득하세요. 낙엽을 모아 정원의 구석에 모아 놓으세요. 학교에서도 관리인 아저씨에게 낙엽을 버리지 말고 한쪽에 쌓아 놓아달라고 부탁할 수도 있을 거예요. 왜냐하면 낙엽이 깨끗하게 치워진 정원이나 뒷마당은 깨끗해보일지는 모르지만 그곳에서는 생명체가 살아가기가 어렵기 때문이에요.

생태 틈새

동물들의 행동과 그 행동에 영향을 미치는 환경을 생태틈새라고 불러요. 낙엽을 예로 들어볼까요? 쌓인 낙엽속에는 환경에 중요한 역할을 하는 수많은 생명체들이 살아가고 있어요. 지렁이는 뾰족한 머리로 낙엽과 땅에 구멍을 뚫어요. 고슴도치는 주로 지렁이를 먹기 때문에 낙엽 안에서 살아요. 그리고 지렁이는 밤에 활동하는 동물이기 때문에 고슴도치도 밤에 활동해요. 두 동물은 그들의 행동을 환경에 맞추고 살아가요. 그렇게 자신들의 생태틈새를 만들지요.

　세상의 모든 동식물에게는 자신만의 생태틈새가 있고 특정한 먹이에 특화되어 있어요. 그러면 어디에서 무엇을 해야 할지 정확하게 알기 때문에 확실하게 살아남을 수가 있게 되지요. 그러나 이렇게 한 지역에만 적응해서 살아가는 것은 위험하기도 해요. 왜냐하면 그 지역에 커다란 변화가 생기게 되면 새롭게 적응하는 법을 배워야 하기 때문이에요. 그렇지 못하면 죽게 되지요.

2. 자연에 대한 소비와 자연보호

우리 인간들이 하는 행동 모두는 전 세계에 커다란 영향을 미쳐요. 우리는 살아가는 데 필요한 모든 것을 자연으로부터 얻어요. 그러나 안타깝게도 너무 많은 것을 가져와요. 그래서 이제 자연도 감당하기가 어려워지고 있어요. 우리나라에서만 매년 53억 톤에 달하는 흙, 돌, 광석 등 여러 지하자원을 소비하고 있어요. 이 정도 무게라면 자동차로 지구에서 달까지 탑을 쌓을 수 있답니다.

이 차들을 옆으로 세운다면 우리나라 전체를 덮고도 남아요. 그리고 실제로도 우리는 너무나 많은 집과 길, 공장 등을 짓고 너무

나 많은 석탄, 철광석, 석유 등을 캐고 있어요. 그래서 다른 동물들과 식물들의 생활권이 거의 남아있지 않게 되어버렸답니다.

자연을 돕기 위해서 사람들은 어떤 지역 전체 혹은 동물과 식물을 보호대상으로 지정했어요. 예를 들어 수많은 숲이 자연보호지역이 되었습니다. 이 지역에서 사람들은 정해진 길을 벗어나면 안 돼요. 이곳에 사는 동식물이 안심하고 살아갈 수 있도록 하기 위해서지요. 보호 대상으로 지정된 동물과 식물은 잡거나 채집해서도 안 돼요.

물건을 살 때부터 자연을 보호하자

우리는 어느 계절이건 전 세계에서 나는 신선한 과일을 먹을 수

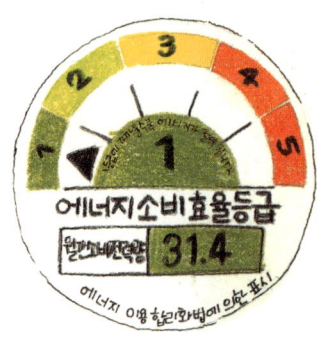

있고, 집안을 예쁘게 꾸미고, 멋진 옷을 입을 수 있게 하기 위해서 우리는 전 세계에서 많은 원료를 소비하면서까지 비행기와 배 그리고 트럭을 사용해서 우리에게 보내도록 하고 있어요.

그래서 전기를 특별히 적게 소비하고, 소음이 적거나 유해물질이 없는 원료로 만들어진 제품에는 환경마크가 붙어요. 학교에서 선생님들이 공부를 잘하는 학생들에게 좋은 점수를 주는 것과 같은 원리랍니다.

3. 종의 다양성과 보호

　우리 인간들은 지구에서 살고 있는 동물과 식물들 중 아주 작은 부분밖에 알지 못해요. 지금까지 학자들은 약 180만 종의 생명체를 발견하고 기록했어요. 열대우림에서는 너무나 많은 거미, 곤충, 새, 원숭이 그리고 다른 동물들이 살고 있어요. 그 종류가 너무 많아서 학자들도 아직 우리가 모르는 종들이 너무나 많다는 사실을 인정하고 있어요. 그리고 존재하는 모든 종들이 다른 동식물들의 생존에 꼭 필요한 존재들이에요. 다른 동식물의 먹이가 되기도 하고 생태계의 균형을 위해서도 중요한 역할을 하지요. 그런데 매일 수많은 종들이 인간의 자연에 대한 간섭 때문에 영원

히 사라져가고 있어요. 그리고 이것은 지구의 생명체 모두에게 커다란 위협이 돼요.

왜 그리고 언제부터 종의 보호가 생겼을까?

인간은 포유류에 속하며 포유류는 곤충과 비교할 때 그 종의 숫자가 매우 적어요. 곤충과 거미는 종의 수가 수백만이나 되거든요. 반면에 포유류는 약 4,500종 정도가 있어요. 우리 인간도 그 중 하나일 뿐이에요. 그럼에도 불구하고 우리는 다른 생명체들에게 엄청난 피해를 주고 있어요. 우리는 다른 동물과 식물의 생활공간 한 중간에 우리의 집과 공장, 도로, 철도를 짓고 살아가요. 우리의 생활 형태가 다른 종들의 죽음을 불러온다는 슬픈 사실을 우리는 알고 있어요. 그러나 이런 사실을 아는 사람이 점점 더 많아지면서 더 많은 사

람들이 자연을 가꾸고 종의 보호를 위해 열정을 가지고 기여하기 시작했다는 긍정적인 면도 있어요.

약 100년 전에 지구에 있는 어떤 동물이 사라졌을 때 사람들은 자신들의 잘못을 알고 동물과 식물을 보호하려는 움직임을 보이기 시작했어요. 그러나 충분하지 않았어요. 사라져가는 동물과 식물이 법에 의해서 완전하게 보호받을 수는 없기 때문이에요. 동식물들의 생활공간을 만들어주는 것이 중요해요. 그것이 가능하지 않은 곳에서는 사람들이 배려하는 법을 배워야 해요. 예를 들어, 길가의 표지판을 세워 자동차 운전자들에게 길 어딘가에 사슴이나 개구리가 나타날 수 있으니 조심해서 운전하도록 경고를 할 수 있지요.

겨울에 동물에게 먹이를 주는 것이 좋을까?

새들에게는 자연에서 주는 먹이가 부족해질 때 먹이를 주는 것이 좋아요. 땅이 오랫동안 눈으로 덮여 있거나 추위가 계속될 때가 그렇지요. 이때 새가 사는 고장에서 자라는 나무 열매가 가장 좋아요. 또는 조, 수수 같은 각종 곡식이나 도토리, 호두, 해바라기 씨, 호박씨 등도 좋아요.

새들에게 먹이를 줄 때 숲과 논밭에 충분히 놓아두는 것을 잊으면 안 돼요. 새들도 스스로 먹이를 찾아 먹을 줄 알기 때문이지요.

산에서 얻은 산딸기나 머루 또는 다른 열매들은 조심해서 말려야 해요. 열매 껍질이 가죽처럼 질겨지고 열매 안에 즙이 느껴지지 않으면 잘 마른 것이에요. 이 먹이들을 창가에 뿌려주면 돼요. 이때 과자나 빵부스러기 같은 음식찌꺼기

는 내놓으면 안 돼요. 여기에는 각종 양념과 소금기가 섞여 있어서 새들을 죽게 할 수 있기 때문이지요.

멸종위기 동물과 레드리스트

갈수록 많은 동식물이 지구상에서 살아져가는 것이 우리 인간들의 책임이라는 사실이 슬프지만 사실이에요. 레드리스트(red list)에는 지구상에서 멸종위기에 있는 모든 동물들이 기록되어 있어요. 그리고 이미 멸종했거나 사라져버린 동식물의 명단도 적혀 있어요. 슬픈 사실은 현재 9,400종 이상의 동식물이 적혀 있다는 것이지요.

레드리스트가 주는 정보는 매우 중요해요. 이 리스트가 세계 여러 나라의 정부에게 어떤 종 또는 어떤 지역을 보호해야 하는지를 알려주기 때문이에요. 인터넷 사이트 www.redlist.org에서 현재 레드리스트에 적혀 있는 모든 동식물들을 볼 수 있어요.

야생마를 위한 작은 도움

약 100년 전부터 유럽에서는 조랑말을 찾아볼 수 없어요. 조랑말은 현재 동물원에서만 살고 있어요. 다행스럽게도 이곳에서 조랑말을 돌보고 번식시켜서 자연으로 놓아줄 만큼 수가 늘었어요. 현재에는 약 700마리의 조랑말이 원산지인 몽고 초원에서 살고 있어요.

4. 우리 날씨는 어떻게 작동할까?

간단하게 답하자면 다음과 같아요.

"태양과 공기, 물 그리고 땅."

조금 더 자세하게 설명하자면, 공기는 약 4분의 3이 질소로 되어 있고 4분의 1이 약간 못되게 우리가 필요한 산소와 식물을 위해 필요한 이산화탄소로 이뤄져 있어요. 또한 공기 중에는 수증기도 포함되어 있어요. 이 모든 것들이 합쳐져서 날씨 뿐만 아니라 전체 기후를 만들어내지요.

그렇지만 태양의 도움이 없이는 아무것도 되지 않아요. 태양이 바닷물을 데워서 증발하게 하지요. 그리고 육지의 공기도 태양열을 받아 따뜻해져요. 따뜻한 공기는 차가운 공기보다 가볍기 때문에 수증기와 따뜻한 공기는 하늘로 올라가요.

위쪽에서 공기는 다시 차가워지고 수증기는 다시 작은 물방울로 변해서 구름이 돼요.

따뜻한 공기는 남극이나 북극 방향으로 이동해요. 이런 공기의 이동을 우리는 바람의 형태로 느낄 수 있어요. 이것이 전부가 아니에요.

구름에 너무 많은 물방울이 모여 있게 되면 더 큰 물방울로 뭉쳐서 비가 되어 아래로 떨어져요. 날씨는 태양, 공기, 물, 지구의 자전 등이 서로 영향을 미쳐서 만들어지는 매우 복잡한 현상이에요. 지구의 자전은 바람의 방향에 영향을 미친답니다.

날씨와 기후의 차이는?

날씨와 기후의 차이는 무엇일까요? 간단하게 설명하면 다음과 같아요.

날씨는 순식간에 변할 수 있어요. 먹구름이 모이면 비가 내리지요. 지구 어디에서나 이 법칙은 통용돼요. 어떤 특정한 지역의 날씨를 오랜 기간 동안 관측하면 평균치가 나와요.

그러면 그 수치로 관측한 지역의 평균 날씨를 설명할 수 있어요. 이런 통계적 표현을 기후라고 해요. 예를 들어 사하라의 사막 기후는 지속적으로 건조하고 더워요. 기후는 지구에서의 위치와 지형(산 또는 계곡 혹은 평야에 있는지) 그리고 태양과의 거리에 따라서 달라지지요.

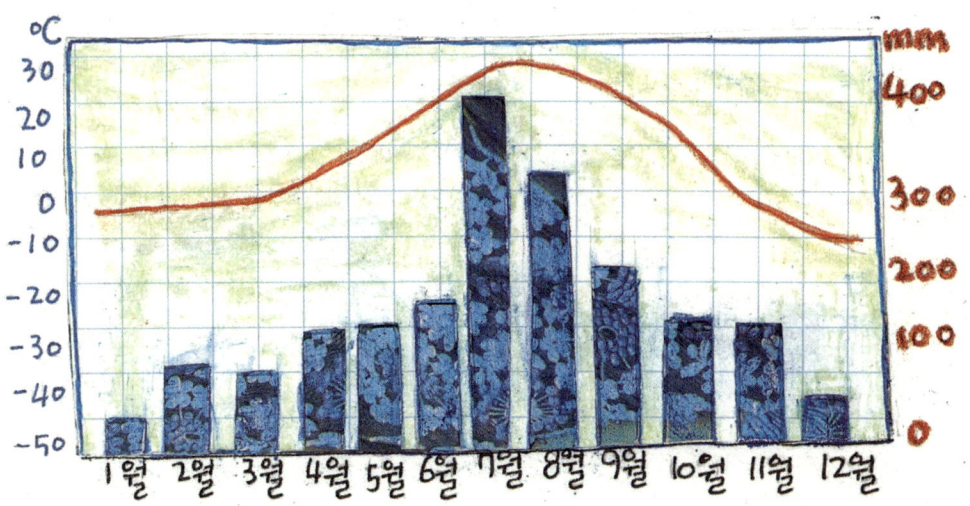

세계의 기후변화가 일어나고 있다

우리가 살고 있는 지역은 정말로 편안하고 온순한 곳이에요. 적도에서도 충분히 떨어져 있어서 베트남이나 인도네시아처럼 사시사철 무덥고 습하지도 않아요.

적도를 따라서 열대지역에 있는 나라들은 건기와 우기 두 가지 계절밖에 몰라요.

이곳에서는 우기가 8개월 동안 계속되기도 해요. 우기가 대부분 여름에 있기 때문에 3월부터 10월까지 거의 매일 비가 내린다는 의미이지요.

모든 생명체들은 자신이 사는 지역에 가장 적절하게 적응하며 살아가요. 그래서 건조한 지역에 사는 낙타는 적은 양의 물로도 잘 살아갈 수 있는 방법을 터득했어요. 바다코끼리는 추운 북극에서 사는 것이 익숙한 동물이에요. 바다코끼리는 8센티미터나 되는 지방층을 가지고 있어서 추위를 견딜 수 있을 뿐만 아니라 칼처럼 날카로운 얼음 모서리에도 큰 부상을 입지 않아요.

그래서 모든 동식물들에게는 살고 있는 기후대에 변화가 없는 것이 매우 중요해요. 그러나 현재 기후변화가 일어나고 있어요. 극지방은 따뜻해지고 있고 적도는 더욱 뜨거워지고 있지요.

왜 2도~3도의 차이가 그렇게 중요하고 세상을 변화시킬 수 있는가?

기상학자들은 100년 후에는 지구의 평균온도가 지금보다 섭씨 2도에서 4도가 더 높아질 것이라고 경고하고 있어요.

외투를 입지 않고 밖으로 나가면 섭씨 5도나 7도 또는 섭씨 3도에서도 비슷하게 추위를 느껴요. 여름에도 28도면 매우 더운 날씨예요. 30도나 32도와 큰 차이를 느끼지 못해요. 그러나 지구

전체로 보면 섭씨 2도에서 4도는 엄청난 차이가 있어요.

　얼음을 예로 들면 상상하기가 쉬울 거예요. 얼음은 0도에서는 변하지 않아요. 그러나 4도가 되면 녹아요. 북극의 얼음에서도 이런 현상이 일어나고 있지요.
　아직 지구온난화가 제대로 시작하지도 않았는데 이곳의 얼음들은 벌써 녹고 있어요.
　지구가 더 더워진다면 북극은 30년 내에 얼음이 없는 곳으로 변하게 돼요. 얼음과 함께 북극곰은 물론이고 극지방에 사는 다른 동물들도 사라지게 되지요.

기후의 법칙을 이해하라!

　동물원에서는 전 세계에서 온 동물들을 우리에게 보여줘요. 그러면서 우리가 그 동물들을 더 잘 알게 되면 더 많이 보호해줄 것이라는 희망을 가지고 있어

요. 기후에 대해서도 같은 생각이에요. 여러분이 기후가 어떻게 움직이는지 잘 이해하면 어쩌면 기후를 보호하기 위해서 더 많은 일을 할지도 모르기 때문이에요. 여러분이 기후의 법칙을 이해하면 다른 사람들에게 현재의 흐름을 파괴하지 않고 보존하는 것이 얼마나 중요한가를 설명해줄 수 있을 거예요.

기후는 수백만 년 전부터 변해왔다

우리 세상은 계속해서 변하고 있어요. 모든 것이 성장하고 발전하고 변화해가요. 동물들도 태어나고 자라고 새끼를 낳고 죽어요. 해가 내리쬐는 화창한 날씨 뒤에는 비가 내리고 여름이 지나면 겨울이 오지요. 아무것도 그대로 멈춰 있는 것은 없답니다. 기후도 역시 변하지요. 언제나 그래왔어요. 지금 사람들이 이야기하고 있는 기후의 변화도 지구가 만들어지면서부터 있어왔다는 말이에요. 다행스럽게도 수백만 년 전에 있었던 산성비와 여러 번에 걸친 빙하기가 없었다면 현재 우리가 알고 있는 삶도 가능하지 않았을 거예요. 그리고 우리 인간이 수백 년 전부터 해온 행동에도 결과가 따른답니다. 그것도 매우 나쁜 결과가 나타나요. 지구가 온난화되고, 빙하가 녹고, 해수면이 높아지고, 악천후가 만들어내는 재앙이 많아져요. 그렇다면 수백만 년 전에는 정확하게 어떤 일이 일어났을까요?

과거엔 산성비가 기후변화를 가져왔다

우주에 떠 있는 지구가 아직 뜨거운 공과 같은 모양이었을 때, 지구로 떨어지는 모든 먼지덩어리들을 녹여버렸어요. 지구에 있던 물은 다른 가스들과 함께 증발했고 두꺼워서 빛이 통과할 수 없는 구름층을 만들었어요. 구름층은 너무나 두꺼워서 태양광선이 뚫고 들어갈 수 없었어요. 그래서 지구는 점점 더 차가워졌답

니다.

　마침내 물이 더 이상 열 때문에 공기 중으로 증발하지 않고 비가 되어 내릴 정도로까지 지구가 차가워졌어요. 이때부터 수천 년 동안 비가 내렸어요.

　이때 내린 비가 지구에 처음 내린 산성비예요. 열에 의해 공중으로 올라갔던 산성과 독성이 있는 모든 가스들이 다시 물과 함께 아래로 내려왔어요.

　동시에 이 비가 지구에 첫 번째 기후변화를 가져왔지요.

　아직 산성을 띠고 있었지만 이때 내린 비는 지구 표면을 식혔고 지구는 서서히 딱딱해졌어요. 마지막 구름이 사라지자 태양빛이 새롭게 만들어진 땅 위로 내리비쳤고 그곳에서 생명이 자라났어요. 오늘날에 우리가 알고 있는 것들은 아니지만 상상은 할 수 있는 생명체들이에요.

이산화탄소가 현재와 미래의 기후를 변화시킨다

학자들의 계산에 의하면 우리 지구를 둘러싸고 있는 공기막 중에서 CO_2라고 표기하는 이산화탄소의 비중이 계속 증가하고 있다고 해요. 일부 학자들은 대기 중에서 이산화탄소의 비중이 증가하면 이삼십 년 후에 지구의 기온이 5도까지 상승할 것이라고 믿고 있어요.

이산화탄소 비중이 많은 공기는 창문과 같은 역할을 하기 때문이에요. 태양광선이 아무런 방해도 받지 않고 지구 표면을 비춰서 지구를 덥게 해요. 그러나 그 열은 다시 지구 밖으로 나가지 못하고 지구는 갈수록 더 따뜻해져요. 이런 효과를 오이와 토마토를 자라게 하는 온실에 빗대서 온실효과라고 불러요. 그래서 이산화탄소와 비슷한 효과가 있는 다른 기체들을 '온실가스'라고 부른답니다.

지구의 온도가 정말로 그렇게 올라간다면 우리나라는 베트남이나 이탈리아, 스페인 남부처럼 따뜻한 날씨가

되어버릴 거예요. 태양과 여름방학, 해변 같은 것들이 생각나겠지만 조금 더 깊게 생각해보면 그 영향은 대단히 무서워요. 물이 부족해질 것이고 수많은 식물과 동물이 높은 온도에 적응하지 못하고 다른 곳으로 옮겨가거나 죽게 될 것이기 때문이에요. 극지방에서는 얼음이 녹고 많은 동물들이 생활 영역을 잃어버리게 될 거예요. 기후변화의 결과로 예상할 수 있는 다른 문제는 악천후랍니다. 홍수, 강력한 폭풍, 오랫동안 지속되는 가뭄과 더운 날씨 등이 우리 모두의 삶을 어렵게 만들 거예요.

그러나 기후변화는 폭풍처럼 갑작스럽게 다가오지 않아요. 거의 느끼지 못할 정도로 기온이 서서히 올라갈 거예요. 우리가 겪게 되는 모든 폭풍우와 따뜻한 겨울이 지구 온난화의 증거는 아니에요. 학자들은 오랜 기간 동안 측정된 자료를 믿어요. 예를 들어 중부 유럽에서는 지난 100년 동안 평균 기온이 0.8도 상승했다고 해요.

여러분은 기후의 역사를 보면서 인간이 지구를 얼마나 살기 어렵게 만들었는지를 알았어요. 또한 우리가 무엇인가 행동을 하거나 하지 않거나에 따라서 지구 전체 환경이 영향을 받는다는 것도 알았습니다.
우리 모두가 세상을 더 나은 곳으로 만들기 위해서 할 수 있는 일은 무엇인가에 대해서는 다음 장에서 보게 될 거예요.

5. 인간과 인간의 영향력

200년 전에는 약 10억 명의 인구가 지구상에 살았답니다. 100년 전에는 인구가 두 배로 늘어났어요. 삶의 질이 급속도로 좋아졌고 1960년에는 이미 지구상에 30억 명이 살게 되었어요. UN에서 계산한 바에 의하면 매년 7,800만 명씩 인구가 증가하고 있으며 2050년에는 약 90억 명이 될 것이라고 해요.

그러나 지구의 인구가 증가하면서 굶주리는 사람들도 증가하고 있어요. 다른 한편으로는 복지와 안락함을 위한 수단들도 발전하고 있어요. 자동차, 핸드폰, 게임기 등등. 이 모든 사치상품들은 만드는 데도 많은 노력이 들어가지만 사용하기 위해서도 많은 전기를 소비해요. 즉, 세계 인구의 증가와 함께 환경과 기후에 부담이 커지고 온실가스가 증가해요. 우리 인간이 지구에 엄청난 부담을 주고 있는 거랍니다.

인간은 그 어떤 다른 동물보다 세상을 많이 변화시킨다

우리 인간이 지구를 얼마나 많이 변화시키고 있는가를 보고 싶다면 그냥 창밖을 한번 보면 되요. 자동차를 타고 가며 밖을 보면서 인간에 의해 만들어지지 않은 것을 찾아보세요. 도로, 도로의

왼쪽과 오른쪽을 따라 설치되어 있는 가드레일, 논밭, 마을, 도시 등. 모두 인간이 만든 것들이랍니다. 그 아래로는 수 킬로미터에 이르는 전선, 가스관, 수도관이 깔려있어요.

육지의 80퍼센트에 이르는 곳에는 우리 인간의 흔적이 남아있답니다. 우리는 땅 위에서 농사를 짓고, 땅위에 쓰레기를 버리며, 땅을 도로와 도시를 건설하는 데 사용해요. 심지어는 바다도 우리로부터 안전하지 않아요. 우리는 오염된 물을 바다로 흘러가도록 하고 있으며 매년 8억 톤 이상의 물고기를 바다로부터 건져올리고 있어요.

6. 세계의 빈곤 "선진국"과 "제 3세계"

세상이 언제나 정의롭지만은 않답니다. 세상은 이렇게 큰데도 아주 조금밖에 얻지 못하는 사람들이 있어요. 특히 아프리카와 아시아의 가난한 나라 사람들이 그래요. 공장이나 자동차, 학교가 적은 가난한 나라들을 "제 3세계"라고 불러요. 정확하게 무슨 뜻일까요? "제 1"과 "제 3"과는 어떤 관계가 있는 것일까요? 그러면 "제 2"는 어디에 있을까요? "제 1"이 다른 곳보다 더 좋을까요? 만약 그렇다면 왜 그럴까요?

세상 사람 전부를 위한 빵과 소시지

매년 세계에서는 700만 명의 어린이들이 충분히 먹지 못해서 죽고 있어요. 우리를 더욱 슬프게 만드는 것은 이 세상에는 세상 사람들 모두가 배부르게 먹을 수 있는 음식이 있다는 사실이에요. 계산상으로만 따져보면 그래요. 그러나 동남아시아 국가나 아프리카 대부분의 나라들에게는 이런 계산이 들어맞지 않는답니다. 이곳에는 음식을 살 수 없는 사람들이 너무나 많아요. 대부분의 식량들은 그것을 살 수 있는 나라에 몰려있기 때문이에요.

세계의 가난한 나라에서는 약 9억 명이 영양실조로 인한 질병에 시달리고 있어요. 우리나라에서 살고 있는 전체 인구보다 열여덟 배나 많은 숫자예요. 모잠비크에서는 인구 중 3분의 2가 영양실조와 그로 인한 심각한 질병에 시달리고 있어요.

우리가 먹는 소고기와 세상의 기아가 어떤 관계가 있나?

안타깝게도 엄청나게 밀접한 관련이 있어요. 우리는 다른 잘사는 나라 사람들과 마찬가지로 풍족함 속에서 살고 있어요. 우리는 가난한 나라 사람들보다 두 배나 되는 고기, 달걀, 생선 등을 먹고 두 배나 되는 식용유와 지방을 소비하고 있어요. 이를 위해서 전 세계에서 엄청난 양의 고기를 생산하고 있지요.

고기 생산을 위해서는 전 세계의 농부들이 소, 돼지, 닭, 양 등을 키우기 위해 많은 농지를 내놓아야만 해요. 그리고 많은 숲을 파괴해야만 합니다. 그래서 열대우림이 파괴되는 가장 큰 원인이 가축을 키우기 위해서예요.

그리고 가축들도 먹고 마셔야만 한답니다. 소고기 1킬로그램을 만들어내기 위해서 소가 마시는 물의 양이 1킬로그램의 밀을 만들어내기 위해서 밭에 필요한 물의 양보다 100배가 넘어요. 이상한 일이지만 사실이에요. 게다가 전 세계에서 잡히는 생선의 3분

의 1과 전체 곡식의 절반이 동물의 사료로 사용된답니다.

　여기에서 불공정한 것은 이렇게 키워진 동물들이 우리들만을 위해서 도축된다는 사실이랍니다. 부자 나라에 살고 있는 우리들이 가난한 나라에서 물과 곡식, 생선을 먹여 키운 고기를 먹는 거예요. 우리의 배를 불리는 고기 한 덩어리 때문에 많은 다른 나라 사람들은 굶주리고 목말라야 하는 현실에 대해서 과연 정당하다고 말할 수 있을까요?

어떻게 하면 세상의 배고픔이 없어질까?

　사실은 지구상의 모든 사람들이 먹고 살 수 있는 충분한 식량을 생산한다는 목표는 거의 도달했답니다. 40년 전에 비해서 170퍼센트나 많은 곡식, 과일, 야채, 고기가 생산되고 있어요. 그리고 1960년에 비하면 약 두 배 반이나 많은 양을 생산하고 있어요.
　이것을 가능하게 하기 위해서는 소위 집중적 경작이 필요했어요. 더 많은 식물들이 자랄 수 있도록 지하수를 모두 퍼 올리고 경작지를 화학약품으로 뒤덮어버린 거예요. 동물이 빨리 자라도록 약과 호르몬을 먹였답니다. 이렇게 계속할 수는 없어요. 그렇지 않으면 곧 지구에서는 어떤 생명체도 살아갈 수 없게 될 것이기 때문이에요.

그렇다면 어떻게 굶주리는 사람들을 도와줄 수 있을까요? 가장 좋은 방법은 현지에서 공정함과 한경보호를 동시에 실현시키는 거랍니다. 가난한 나라에 식량을 나눠주는 것만이 아니라 그들이 직접 농사를 짓는데 필요한 도구를 지원하는 단체가 있어요. 그들은 그곳 사람들을 위해 우물을 파고 농기계를 지원해줘요. 그리고 사람들을 고용해서 임금을 지불하는 작은 기업과 공장들도 지원해요. 그 임금을 통해서 사람들이 먹을 것을 살 수 있기 때문이지요.

공정한 무역(fair_trade)은 어떻게 작동하는가?
상인들이 농부에게 과일이나 카카오 또는 차를 사고 거기에 적

절하고 합당한, 다시 말해 공정한 가격을 지불해요. 농부들에게 더 많은 돈을 지불하기 때문에 상품의 가격도 우리에게 조금 더 비싸요. 그러나 그런 가격을 지불할 만한 가치가 있어요. 왜냐하면 첫째, 우리가 먹는 바나나 초콜릿 때문에 세상의 누군가가 굶주릴 필요가 없다는 사실을 알고 있고 둘째, 대부분의 "공정무역 상품"은 유기 농법으로 생산된 것들이기 때문이에요. 공정 무

역 기구는 농부들이 환경 친화적으로 생산을 하면 더 많은 돈을 지불해요. 이렇게 해서 공정한 무역과 환경을 동시에 지킬 수 있게 되는 거예요.

7. 우리의 음식은 얼마나 자연에 가까운가?

　시장에 가면 화려한 색깔을 뽐내며 진열대를 꽉 채우고 있는 야채와 과일들을 보면 놀랍지 않은가요? 봄에 나오는 양파가 왜 겨울에 있을까요? 봄에 오렌지도 있지요? 우리나라에서 오렌지는 많이 나지 않지요. 따라서 그 과일은 우리나라 농부들로부터 온 것이 아니랍니다. 이것들은 멀리서 온 것들이에요. 키위나 바나나는 말할 것도 없겠지요. 과일과 야채들은 이렇게 먼 거리를 여행하면서 환경을 해쳐요. 왜냐하면 많은 연료를 소비하고 이산화탄소를 배출하기 때문이에요. 우리나라에서 생산된 것이라 하더라도 비닐하우스에서 성장한 것들이 대부분이지요. 비닐하우스는 겨울에도 여름처럼 온도를 높이기 위해서 많은 연료를 소비해요.

　우리가 좋아하는 감자튀김이나 피자, 생선, 돈가스도 많은 전기와 연료를 소비해요. 커다란 공장에서 끓여지고, 급속 냉각되고, 포장되고, 시장까지 운반되지요. 음식을 먹는 다른 방법도 있어요. 유기농 제품을 집에서 직접 요리하면 되요.

유기농업과 친환경 농법이란 무엇인가?

갈수록 많은 사람들이 유기농 제품을 사고 있어요. 몇 년 전만 해도 소수의 특별한 상점에서만 팔았던 유기농 제품들이 이제는 거의 모든 대형할인점에서도 판매된요. 그냥 보면 다른 농산물들과 차이를 알아내기 어려워요. 그러나 유기농법으로 농사를 짓는 농부들은 병충해를 막기 위해 농약을 사용하지 않아요. 대신에 농작물에 피해를 주는 곤충들을 직접 손으로 떼어내지요.

또한 우리 땅에서 오랫동안 자라온 식물들을 심고 수확해요.

이런 식물들은 우리 땅의 바람과 날씨에 적응했기 때문에 병충해에도 피해를 적게 받는답니다. 유기농법은 땅과 물, 식물, 동물 등을 조심스럽게 다뤄요. 또한 우리 환경에 부담을 주는 크고 무거운 농기계도 많이 사용하지 않아요. 동물들에게도 공장에서 만들어진 생선이나 영양제 같은 것들이 아닌 자연스러운 먹이를 사료로 사용해요. 농부들에게는 노력이 훨씬 더 많이 들어가는 방법이지요. 그렇기 때문에 유기농 제품들은 다른 제품들보다 조금 더 비싸요.

사과와 바나나는 어떻게 병 안으로 들어가는가?
그리고 왜 들어갈까?

작고 화려한 병 안에 들어있는 과일은 일년 내내 먹을 수가 있지요. 그 안에는 하루에 필요한 비타민이 들어있다고 선전하고 있어요. 그러나 그 안에 정말로 들어있는 것은 무엇일까요? 물론 비타민은 들어있겠지요. 그러나 그 외에도 엄청난 양의 에너지와 물 그리고 쓰레기가 들어있어요. 왜냐하면 이 과일과 야채들은 공장에서 작은 입자로 잘라야 하기 때문에 농작물 산지에서 공장으로 운반되어야 해요. 그곳에서 기계로 세척되고 작은 조각으로 잘리고, 작은 병이나 통조림 깡통에 포장되어야 해요. 그리고 인공적으로 만들어진 용기들은 다른 공장에서 생산되어 트럭으로 공장까지 운송되어야 하지요.

이렇게 생산된 상품은 다시 트럭에 옮겨져서 상점까지 오게 되요. 그렇다면 이때 소비자들은 이런 질문을 해야 해요. 같은 상점에 신선한 과일을 파는데도 왜 사람들은 병이나 플라스틱 안에 들어있는 저런 상품을 살까? 신선한 과일은 비타민이 꽉 차게 들어있고 훨씬 더 친환경적이에요. 공장에서 나온 제품처럼 복잡한 과정을 거치지 않기 때문이지요. 그리고 자연 제품이 훨씬 더 건강에 좋아요.

8. 건강한 식생활

과일과 야채가 고기보다는 건강에 더 이로워요. 보건복지부에서는 여러분에게 어떻게 해야 건강한 식생활을 하는 것인지를 보여주는 음식피라미드를 만들었어요.

패스트 푸드 대신 슬로우 푸드를 먹자

빠르게 만든 음식이 환경에는 오랜 영향을 미쳐요. 여러분이 화려한 패스트 푸드 식당에서 먹는 음식에는 많은 고기가 소비되기 때문이랍니다. 그 외에도 포장을 위해 너무 많은 물질이 소비되기도 해요. 각각의 햄버거, 튀긴 감자, 음료수 등에는 물론이고 아주 작은 케첩, 마요네즈, 소금 등도 하나하나씩 포장이 되어 있잖아요. 여러분이 음식을 먹고 나면 한 아름의 쓰레기를 커다란 쓰레기통에 버리게 되요. 여러분이 밖에서 음식을 먹고 싶다면 친구들이나 가족들과 일반적인 식당을 찾아가도록 해요. 요리사가 유기농 식재료를 사용해서 요리를 하고 일회용이 아닌 그릇을 사용하는 식당이라면 더 좋겠지요. 그러면 여러분은 그곳에서 편안한 마음으로 음식을 먹을 수가 있을 거예요.

9. 숨 쉬기 위한 공기

　어른들은 가끔 "사람이 공기와 사랑만을 먹고 살 수는 없다."라고 말하곤 해요. 생활을 위해 필요한 돈을 열심히 벌지 않는 사람을 보고 하는 말이지요. 분명이 옳은 의미가 들어있는 말이긴 하죠. 우리는 먹고, 자고, 입을 것들이 필요하니까요. 그러나 공기가 없다면 아무것도 할 수 없답니다. 공기는 우리 지구를 둘러싸고 있으면서 모든 생명이 존재할 수 있도록 해주지요. 동물과 인간에게는 산소를 식물에게는 이산화탄소를 제공해주지요. 심지어는 우주에서부터 들어오는 위험한 광선을 걸러주고 태양과 함께 지구의 온도를 조절해주는 기능까지 해줘요. 그게 어떻게 가능할까요?

　지구는 각각 중요한 역할을 하는 다섯 개의 층으로 둘러싸여 있어요. 우리가 숨 쉬는 공기는 대류권에서 와요. 대류권은 극지방에서는 8,000미터에 이르고 적도지방에서는 그 두 배에 이르지요. 대기권의 두께가 매우 두꺼운 것처럼 들리지만 그렇지 않아요. 지구의 크기에 비하면 오히려 너무 얇은 거지요. 우주에 있는 거대한 행성에 비하면 우리 지구는 오렌지처럼 작아 보일 거예요. 그리고 지구를 둘러싸고 있는 공기층은 가끔 포장을 위해 오렌지를 싸는 종이처럼 보일 것이고요. 우리 인간들은 이 사실을 명확하게 알아야 해요. 이렇게 얇은 층에 우리 모두의 생명이 달려있다는 것을요! 우리가 아래쪽에서 볼 때에는 공기가 넘치게 많은 것처럼 보이지만 위에서 내려다보면 전혀 다르게 보여요. 우리는 다섯 개 층 중에서 가장 낮은 대류권에 관심을 가지고 더 이상 더럽히는 행동을 멈춰야 해요.

아주 특별한 층 - 오존층

우리 머리 위로 약 14킬로미터에서 50킬로미터 사이에는 오존층이 존재한답니다. 오존층은 지구상의 동식물이 살아갈 수 있게 보호해주는 막을 형성해줘요. 왜냐하면 태양으로부터 오는 자외선을 막아주기 때문이에요. 그렇지 않으면 자외선이 닿는 모든 것

들은 화상을 입게 될 것이에요. 그런데 바로 우리 인간들이 이런 보호막에 커다란 구멍을 만들어내고 있어요. 우리는 오존과 반응해서 오존층을 사라져버리게 만드는 가스를 공기 중으로 내뿜고 있어요. 지구의 남극과 북극 위에는 벌써 위험한 구멍이 생겨나고 있어요.

슬프지만 사실이에요. 냉장고, 에어컨, 스프레이 등과 같은 것들 때문에 우리는 지구의 건강을 위협하고 있어요. 왜냐하면 불과 수년 전까지만 해도 냉장고를 위한 냉각제와 스프레이를 위한 가스로 프레온가스를 사용했기 때문이에요. 현재에는 프레온 가스가 오존층 파괴의 주범이라는 사실을 알기 때문에 사용이 금지되었어요. 프레온 가스는 서서히 하늘로 올라가서 자외선에 의해 분해된 다음에 오존 분자를 파괴해요. 우리는 거의 100년 동안 오존층으로 올라가 커다란 구멍을 만들 정도로 많은 프레온 가스를 생산했어요. 우리는 파괴된 오존층을 정상으로 회복할 수 없어요. 단지 새로운 오존 킬러가 더 이상 위로 올라가지 못하도록 할 수 있을 뿐이에요.

오존에 관하여

오존은 세 개의 산소 원자로 이뤄진 가스랍니다. 오존은 우리

머리 위에만 있는 것이 아니라 우리가 살고 있는 땅에서도 생겨나요. 특히 뜨거운 여름에 자동차가 많이 다니는 곳에서 발생해요. 아쉽게도 이 오존은 위로 올라가서 극지방 위에 뚫린 오존층을 막아주지 않아요. 대신에 이 오존은 땅 위에 남아서 동물과 식물을 병들게 해요. 심지어 지상에서 14킬로미터 이내에 있는 오존은 지구 온난화에 기여하기도 하지요.

따라서 더운 날에는 걷거나 자전거를 타는 것이 좋아요. 그러면 매연을 줄일 수 있을 뿐만 아니라 오존이 발생하는 것도 막을

수 있으니까요. 그럼으로써 여러분도 스스로의 힘으로 숲이 죽어 가는 것을 막을 수 있고 동시에 사람들의 건강도 보호하게 되요.

자외선으로부터 여러분 자신을 보호하라!

오존층에 의해서 걸러지지 못한 자외선으로부터 여러분을 보호하도록 하세요. 여러분은 시간이 지나면서 더욱 신경을 써야만 해요. 왜냐하면 우리를 보호하는 오존층이 갈수록 얇아지고 있어서 피부암에 걸릴 위험이 매우 커지기 때문이랍니다. 따라서 여

름에는 티셔츠를 입고, 모자를 쓰고 많은 선크림을 발라야만 해요.

누가 공기를 오염시키는가?

화산이 폭발하면 화산재와 가스가 상공으로 70킬로미터까지 솟아올라요. 산불 때문에 나는 연기도 엄청난 양의 이산화탄소와 검댕으로 공기를 오염시켜요. 산불은 가끔 번개나 다른 자연 현상 때문에 일어나기도 해요. 그러나 산불을 가장 자주 일으키는 주범은 인간이랍니다. 특히 아시아와 남아메리카의 농부들은 빠르게 농지를 얻기 위해서 숲을 불태워버려요. 그리고 빨리 부자가 되고 싶어하는 탐욕스러운 인간들도 소를 키우고 거대한 농장을 더욱 키우기 위해서 숲에 불을 지르지요.

아쉽게도 우리 모두가 매우 나쁜 공기 오염자들이에요. 그것도 매우 오래 전부터 그렇게 해왔어요. 약 150년 전부터 우리의 공장에서, 나중에는 자동차와 비행기에서 매연을 공기 중으로 내뿜기 시작했어요. 대부분의 매연에는 독성이 있어요. 산화(oxide)라는 글자가 들어가는 분자들이 너무 많으면 몸에 해롭다고 보면 거의 확실해요. 일산화탄소와 이산화탄소가 그래요. 이것들은 엔진, 기계, 공장, 보일러, 화력발전소 등에서 나와요. 이산화질소나 일산화질소는 농지의 비료와 자동차 또는 공장에서 배출되요.

석탄으로 전기를 만들어내는 화력발전소에서는 전기와 열 뿐만 아니라 이산화황도 만들어내지요. 이 모든 독성이 강한 가스들이 자동차 배기가스와 공장의 굴뚝에서 나오는 미세먼지들과 합쳐져요. 이 먼지들은 아주 작은 금속가루, 모래, 소금, 검댕 등으로 이뤄져있고 인간이 이것을 들이마시면 병들게 되요.

더 신선한 공기를 위한 제안
걷거나 자전거를 타라

여러분이 스스로의 힘으로 움직이면 절대로 해로운 물질이 발생하지 않아요.

버스를 타라

버스 한 대가 40대의 자동차와 똑같은 수의 사람을 목적지까지 데려다줘요.

기차를 타라

긴 여행을 위해서는 바퀴가 발명된 이래로 기차가 가장 좋은 방법이지요. 기차는 자동차와 비행기와 비교했을 때 가장 적게 환경에 해를 끼쳐요. 거기에 더해서 여러분 부모님들과 함께 기차를 타고 여행하게 되면 훨씬 더 많은 즐거움을 찾을 수 있어요. 게임을 하고, 책을 읽고, 대화를 나누면서 모두 편안하게 목적지까지 갈 수가 있어요.

나무를 심어라

나무는 신선한 공기를 만들어내요. 나무 잎사귀에 난 미세한 털들은 먼지들, 특히 디젤 자동차와 공장에서 공기 중으로 뿜어내는 독성이 있는 미세먼지까지 붙잡아주지요. 보리수 나무는 털이 특히 길기 때문에 아주 좋은 먼지 필터 역할을 해요. 나무들은 또한 물 펌프 역할을 하기도 한답니다. 뿌리로 땅에서 물을 끌어올린 다음에 잎사귀를 통해서 물을 공기 중으로 내보내거든요. 그래서 여러분이 숲에 있으면 시원하고 신선한 공기를 느낄 수 있는 거예요.

온실효과란 무엇인가?

여러분이 온실 안에 앉아있다고 상상해보세요. 여러분 주위로 사방이 유리로 둘러싸여 있고 지붕까지 유리로 덮여있어요. 태양열은 여러분이 있는 안쪽으로 들어오지만 밖으로 나가지는 못해요. 그러면 점점 더워질 거예요. 이것이 바로 그 유명한 온실효과이지요. 지구에서는 이산화탄소, 수증기, 메탄가스, 염화불산화탄소 화합물(ChloroFluoroCarbons=CFCs, 프레온 가스), 일명

웃음가스라고 불리는 아산화질소 등이 온실의 유리처럼 지구의 열을 가두어주지요. 그리고 이런 가스들의 작용은 꼭 필요하기도 해요. 모든 열을 우주로 내보내버린다면 지구가 너무 추워지잖아요. 정확하게 얘기하자면 그럴 경우 지구의 평균 온도는 영하 18도가 될 것이라고 해요.

이 온실효과 덕분에 우리 지구는 평균 영상 15도를 유지하고 있어요. 이 평균기온은 기상학자들이 여러 측정소에서 기온을 재서 계산한 결과랍니다. 북극과 남극은 물론이고 적도와 수많은 나라, 심지어 남반구와 북반구의 바다에서도 온도를 쟀어요. 이렇게 얻은 수치를 모두 더해서 측정소 수로 나눠서 평균기온을 계산해내는 거지요.

안타깝게도 인간들이 너무나 많은 온실가스를 만들어내고 있어요. 이에 더해서 새로운 경작지를 만들기 위해서 열대우림이 광범위하게 파괴되고 불태워지고 있지요. 이때 이산화탄소만 만들어지는 것이 아니라 이산화탄소를 소비하는 생명체 즉, 나무들도 파괴되요. 이러한 모든 행동들이 지구의 기온에 영향을 미치는 거랍니다.

이산화탄소(CO_2)란 정확하게 무엇인가?

나무, 석탄, 원유 등과 같은 유기물질이 탈 때 이산화탄소가 나와요. 인간의 몸도 유기물을 태우는 기계와 같아요. 근육을 움직일 때면 당을 태우고 숨을 쉬어서 이산화탄소를 배출하거든요. 이산화탄소는 원래 몸에 해로운 가스는 아니랍니다. 단지 대기 중에 너무 많아지면 지구가 식는 것을 막기 때문에 문제가 되는 거예요. 그리고 지금 바로 그런 상황이 벌어지고 있어요. 석탄과 원유 그리고 천연가스가 우리의 자동차와 기계들을 움직이고 도시 전체를 난방하고 불을 밝히고 있어요. 에너지를 얻기 위해서 우리는 그것들을 태워야 해요. 이때 엄청난 양의 이산화탄소가 발생하는 거지요. 과학자들은 메탄가스와 함께 이산화탄소를 지구온난화의 주범이라고 생각하고 있어요.

누가 또는 무엇이 지구를 덥게 하는가?

"내가 먹는 소고기가 날씨와 무슨 상관이 있을까?" 이번 장의 제목을 이렇게 할 수도 있을 거예요. 답은 엄청난 상관이 있다는 겁니다. 고기를 먹을 때마다 우리는 소와 돼지를 먹이기 위해서 많은 사람들이 배불리 먹을 수도 있는 귀한 곡식들을 먹인다는 사실을 생각해야 해요. 그러나 그것뿐만이 아니에요. 소가 먹이를 먹으면 위장에서 소화를 시키면서 메탄가스를 내보내요. 메탄가스는 이산화탄소보다 20배나 더 지구의 기후에 해롭답니다. 소 한 마리가 소화를 시킬 때 하루에 300리터 이상의 메탄가스를 배출해요. 따라서 소를 많이 키우면 키울수록 우리는 온실효과를 강화시키게 되는 거예요.

 웃음가스도 웃을 일만은 아니랍니다. 이 온실가스는 이산화탄소, 메탄가스와 함께 지구온난화의 가장 큰 주범이에요. 웃음가스도 대부분은 비료를 사용하는 농업에서 나와요. 또한 농사와 축산이 갈수록 더 많은 땅을 필요로 해요. 숲은 이산화탄소를 저장

하는 역할을 하지요. 그러나 숲이 없어지면 이 온실가스는 다시 대기권으로 올라가게 됩니다. 그리고 과거에 숲이 있었던 곳에서 갈수록 더 많은 소들이 풀을 뜯어먹고 소화시키기 때문에 축산업이야말로 진정한 지구온난화의 주범인 거예요.

기상학자들의 경고와 요구사항

- 지구의 온난화는 당장에 멈출 수는 없습니다. 그러나 모든 나라들이 온난화를 저지하기 위한 정책들을 취한다면 상당히 늦출 수 있습니다.
- 남반구에는 비가 적게 내릴 것이고 사람과 동물을 위한 물이 부족하게 될 것입니다. 농업을 위한 물도 충분하지 못해서 식량 공급에 문제가 생길 것입니다.
- 식물과 동물의 세계에 커다란 변화가 올 것입니다. 몇몇 동물들은 이사를 가게 될 것입니다. 개복치 같은 경우는 이미 적도에서 영국해협 남쪽으로 옮겨 갔습니다. 그곳도 개복치에게는 살기에 충분히 따뜻하기 때문입니다. 살기 위한

동식물들은 그들의 생활공간을 잃어버릴 것이고 살기 위한 공간을 찾기가 어려울 것입니다. 북극곰이나 북극여우의 경우가 여기에 해당됩니다.

🍃 인간들이 지금까지 해왔던 행동을 계속한다면 21세기 말에는 북극의 모든 얼음이 녹아버릴 것입니다. 어떤 학자들은 이미 2050년부터는 극지방의 여름에는 얼음이 없을 것이라고 예측하고 있습니다.

🍃 북극의 얼음이 녹아서 바다로 흘러들어갈 것입니다. 그럼으로써 100년 후에는 해수면의 높이가 90센티미터까지 올라갈 것입니다.

10. 숲과 나무

　과거에 사람들은 숲을 다른 눈으로 바라봤어요. 건축과 난방을 위해 영원히 사용할 수 있는 자원으로 봤었지요. 집, 가구, 난방 등은 나무 없이는 거의 생각할 수 없잖아요. 현재 우리는 숲이 책상의 원료나 물을 데우기 위한 땔감을 넘어 훨씬 더 중요한 역할을 한다는 사실을 알게 되었어요.

　숲은 공기로부터 해가 되는 가스들을 걸러내는 거대한 필터 역할을 해요. 그리고 물을 저장하며 땅이 바람과 비로부터 쓸려 내려가지 않도록 보호하지요. 또한 숲은 우리가 살고 있는 곳의 안전을 보호해요. 숲은 계곡 아래에 커다란 피해를 주기 전에 눈사태 및 산사태를 막아주지요. 도시의 숲은 비록 지금은 겨우 공원의 형태로 남아서 거의 알아볼 수 없을 정도로 작아졌지만 그래도 없는 것보다는 더 나은 공기를 공급해주는 역할을 해요. 또한 여름에는 시원한 온도를 유지해주는 역할도 해요. 그리고 숲은 거대한 약 창고이기도 해요. 수많은 약품들이 숲에 있는 식물로부터 추출되기 때문이에요. 그런데도 매일 270,000그루의 나무가 우리 엉덩이를 닦기 위한 화장실 휴지를 만들기 위해 잘린다는 사실은 너무나 수치스러운 일이 아닌가요?

열대우림 - 적도를 둘러싼 녹색 띠

열대우림은 몇 년 전만 해도 띠처럼 적도를 둘러싸고 있었어요. 우리 지구의 배를 둘러싸고 있는 녹색 띠 같았지요. 안타깝게도 그 띠에 갈수록 많은 구멍이 생기고 있어요. 사람들이 지구의 열대우림을 파괴하고 있거든요. 원유와 금을 찾기 위해 도로도 점점 더 숲 안으로 침범하고 있어요. 아름답고 단단한 열대우림의 나무들도 점점 더 많은 파괴자들을 유혹하는 원인이 되고 있어요. 오래되어서 보존되어야만 할 마호가니나 티크 같은 나무들이 가구, 창틀 등을 만들기 위해 베어지고 있어요. 원시림은 소들에게도 자리를 내줘야만 하게 되어버렸어요. 초지와 대형 농장을 만들기 위해서도 나무들이 잘려나가고 있어요. 그 위에 기름야자

나무, 콩, 바나나 그리고 잘 사는 나라 사람들이 갈수록 더욱 좋아하는 열대과일나무들이 심어지지요. 친구들과 고기를 구워먹으면서 오렌지 주스와 스테이크를 먹고 티크 나무로 만든 정원용 의자에 앉아서 멋지고 편안하게 지내는 순간에 우리는 셀 수 없을 정도로 많은 동물과 식물들의 생활공간을 파괴하고 있는 거랍니다. 문자 그대로 셀 수 없을 정도로 파괴를 하는 것인데, 왜냐하면 열대우림과 함께 지금까지 연구되지도 못한 수많은 식물, 곤충, 포유류, 파충류 등도 사라지기 때문입니다.

　　지구의 녹색 띠에는 이제 커다란 구멍이 생겼어요. 그 구멍은 매년, 매달 아니 매주, 매일 더 커지고 있어요. 왜냐하면 여러분이 이 책을 읽고 있는 이 순간에도 일 분마다 세계 어디에선가는 6,000그루의 나무가 베어지고 있기 때문이에요. 이런 추세를 멈추지 못한다면 세계의 숲은 30년에서 40년 사이에 사라져버리고 말 거예요.

사막이 없다면 열대우림도 없다

　　매년 약 2억 4,000만 톤의 사하라 모래먼지가 바람에 의해서 아프리카에서 남아메리카로 날아가요. 그리고 그 모래들은 비옥한 땅 위로 떨어지지요. 학자들은 대서양을 넘어 날아온 모래들이 매우 소중한 자연 비료라는 사실을 밝혀냈답니다. 이 모래가 없으면 예민한 아마존의 열대우림 생태계는 균형을 잃어버리게 될 거예요. 모래들은 5,000킬로미터 이상을 날아가요. 더 놀라운 것은 매년 평균 5,000만 톤이 남아메리카에 도착한다는 사실이랍니다. 그중 절반은 챠드에서 온 것들이에요. 이런 사실을 학자들은 오래 전부터 알고 있었어요. 그렇게 많은 양이 그렇게 먼 거리를 날아온다는 사실은 나사의 인공위성 테라와 아쿠아의 도움을 통해서 알아낼 수 있었지요.

톱질과 황산비

멀리 떨어져있는 아프리카 사막의 모래가 남아메리카의 열대 우림에 중요한 것처럼 우리 인간이 하는 모든 행동들도 환경에 중요하고 심각한 결과를 만들어낸답니다. 우리는 100년 이상 숲에게 못할 짓을 하고 있어요. 모든 것은 벌목에서 시작되었지요. 우

리는 땔감과 목재를 얻기 위해 숲 전체를 베어버렸어요. 그리고 우리는 더 많은 나무를 원해서 빨리 자라는 나무를 심었어요. 참나무와 너도밤나무 대신에 전나무를 심었어요. 그것마저도 충분히 많이 심지 않았어요.

　현재 우리는 자라고 있는 나무보다 더 많은 나무를 소비하고 있어요. 우리는 스웨덴, 핀란드, 러시아, 캐나다의 숲을 보존해야 해요. 이곳의 나무는 가구보다는 종이, 화장실용 휴지, 냅킨 등으로 더 많이 만들어져요. 우리의 종이소비뿐만이 아니라 따뜻한 방, 편안한 여행, 예쁜 장난감 등을 만들기 위해서도 수많은 나무들이 죽어가고 있어요.

숲은 산성비에 의해서도 사라지고 있답니다. 우리의 공장과 화력발전소가 다른 엔진처럼 석탄과 기름을 태우기 때문이에요. 이때 유독가스가 나와서 자동차 배기가스와 합쳐져요. 이 가스들이 하늘로 올라가서 그곳의 수분과 결합해서 숲과 초원에 "산성비"를 내립니다. 산성비는 잎사귀를 보호하는 왁스 층을 파괴해서 나무를 병들게 해요. 뿐만 아니라 "산성비"는 땅속으로 스며들어서 나무뿌리도 병들게 하고 서서히 나뭇가지, 잎사귀, 열매까지 병들게 해요.

우리 숲에 사는 생명들

눈이 내린 겨울, 이른 아침에 숲속을 걸어본 적이 있나요? 그곳에서 수많은 크고 작은 발자국들을 본 적이 있나요? 숲속에는 우리가 좀처럼 모습을 볼 수 없는 동물들로 붐비고 있답니다. 특히 습지, 원시림, 죽은 나무들, 오래되고 습한 나무들이 있는 자연 상태 그대로의 지역에는 생명체들이 활발하게 살아가고 있어요. 이런 숲들이 우리나라에서는 매우 보기 드물어졌지만 여전히 가장 많은 종류의 생명체들이 둥지를 틀고 있는 곳이에요.

우리의 숲에는 밤나무, 참나무, 단풍나무, 자작나무 그리고 다른 수많은 나무들이 자라고 있어요. 이 나무들의 열매는 새의 먹이가 되고 새는 다시 나무들이 번식하는 것을 도와요. 왜냐하면 새들이 배설물과 함께 열매의 씨를 배출하고 그럼으로써 씨가 다른 곳으로 퍼져서 번식하도록 해주기 때문이에요. 매우 영리한 방법이지요? 씨앗이 나무에서 그냥 떨어져버리면 원래 있던 나무의 그늘 때문에 성장하기에 충분한 햇빛을 받을 수 없거든요. 또한 나무들이 새에게만 먹이를 제공하는 것은 아니랍니다. 나무의 잎사귀는 버섯, 곤충, 벌레들에게 충분한 먹이를 제공해요. 이것뿐

만이 아니에요. 숲에서 사는 작은 벌레들은 나무에서 먹이만 얻는 것이 아니라 죽은 잎사귀와 가지를 다시 비옥한 땅으로 만들어 놓는 역할을 해요. 이렇게 그들은 나무와 다른 식물들에게 새로운 생명을 선물한답니다.

종이 낭비를 멈춰라! 독서클럽을 만들어라!

여러분이 읽은 책과 만화책을 만들기 위해 수많은 나무가 베어지고 있어요. 그렇지만 우리는 지금까지 산 만화나 책 중 몇 권이나 읽었으며 읽은 다음에도 얼마나 많은 책들을, 다시 눈길 한 번 주지 않고, 책꽂이에 꽂아 놓고 있을까요? 그러나 다른 친구들은 그 책을 읽고 싶어할지도 몰라요. 그리고 다른 친구들도 여러분이 읽고 싶어하는 책을 가지고 있을 것이고요. 그런 책들을 찾도록 해봐요! 학교나 친구들끼리 책을 교환하는 모임을 만들어봐요. 모임에서 바꿔보고 싶은 책들을 친구들에게 알려주면 되요.

여러 친구들과 함께 하는 독서클럽은 친구와 책을 새롭게 알게 되는 즐거운 만남이 될 것입니다.

그리고 인터넷에서 이런 일을 하는 사이트가 있는지 찾아보도록 해요.

재활용 종이가 나무와 기후를 돕는다

재활용 종이를 활용하도록 해요. 폐지를 재활용해서 만든 공책과 휴지를 사면 더 좋아요.

11. 물이 우리 지구를 파란색 행성으로 만든다

물 때문에 우주에서 바라본 지구는 파란색으로 보이는 거랍니다. 그러나 물은 지구를 아름답게 보이는 것을 넘어서 훨씬 더 중요한 역할을 해요. 물은 우리 생명의 기본이기 때문이에요.

대부분의 물은 바다에 있어요. 정확하게 말하자면 물의 97퍼센트 이상이 바다에 있답니다. 나머지 2퍼센트는 눈과 얼음의 형태로 존재해요. 또한 나머지 1퍼센트는 강과 호수, 지하수, 구름 그리고 여러분 몸 안에서 흐르고 있어요. 우리 몸의 절반 이상이 물로 되어있지요. 날씨가 얼마나 덥고 얼마나 몸을 움직였는가에 따라서 우리는 하루에 2에서 3리터의 물을 마셔야 해요.

다행스럽게도 지구에는 많은 물이 있지요. 그러나 대부분은 우리가 마실 수도 씻을 수도 없는 소금물이에요. 그래서 우리는 바닷물에서 기술적으로 어렵고, 비용이 많이 들고, 에너지도 많이 소비되는 과정을 거쳐서 소금을 제거하거나 지하수를 끌어올려야 해요. 지하수는 충분하게 많이 있어요. 그러나 수많은 다른 나라에서는 많이 부족해요. 그래서 수십억에 이르는 사람들이 깨끗한 음료수를 마실 수 없어요. 더러운 물은 질병을 옮기기 때문에 매우 위험하지요.

생명의 샘으로서의 물의 순환

　물방울의 끝없는 생명력은 정말로 환상적이랍니다. 물은 넓은 대양을 이리저리 흘러 다니다가 어쩔 수 없이 위쪽으로 올라가기도 해요. 이때 태양이 그것을 잡아서 증발하게 만들어 하늘로 끌어올려요. 더워진 공기는 높은 곳에서 빠르게 차가워지고, 다시 물방울로 되지요.

　그리고 다른 물방울들과 함께 구름을 만들어요. 때가 되면 그 물방울은 비가 되어 불과 며칠 전까지만 해도 상어나 돌고래와 함께 헤엄치던 바다로 다시 내려오게 된답니다.

어쩌면 그 물방울은 어떤 꽃이 빨아들이거나 강아지가 물 웅덩이에서 마실 수도 있을 거예요. 아니면 조용히 땅속으로 스며들지도 모르지요. 그렇지만 어느 곳에 있든 오랫동안 한 곳에만 머물러있지는 않을 거예요. 식물에 흡수되었든 동물의 뱃속에 있든 물은 흘러서 강과 호수로 흘러들어가게 되어 있어요. 그러면 다시 증발해서 구름이 되던가 아니면 바다로 돌아가게 되지요. 어찌 되었든 물방울은 다시 상어와 돌고래, 식물들, 강아지에게로 돌아가요. 하늘과 땅을 오가며 그 사이에 있는 모든 것들에 생명을 제공해요.

물이 부족해진다!

모든 사람들이 마시고, 요리하고, 몸을 씻기 위해 하루에 평균 20리터에서 50리터의 물을 사용한다고 해요. 공장과 발전소도 물을 소비하지만 대부분의 물은 농업과 축산

업에서 사용한답니다. 논밭과 대형농장과 동물들이 마실 물을 공급하는 거예요. 이런 식의 물 공급은 동시에 두 가지 문제를 발생시켜요. 첫째, 막대한 양의 물이 사용되지 않은 채로 땅속으로 스며들고 둘째, 그럼으로써 배설물, 오줌, 화학비료, 농약 등도 함께 지하수와 강, 호수로 흘러들어가요. 강과 호수가 오염이

되면 식물들과 동물들이 살아가기 어렵게 되지요. 그리고 수많은 지하수를 계속해서 퍼서 쓰기 때문에 물이 마르게 됩니다.

우리 인간은 엄격한 의미에서 말하자면 물을 소비할 수 없어요. 물은 다시 돌아오니까요. 우리를 지나간 물을 우리는 다시 사용하는 거예요. 그러나 물에는 사용한 흔적이 남아요. 물이 우리 공장이나 세탁기를 통과할 때 엄청난 양의 화학물질을 함께 가져가요. 이런 유해물질을 포함한 물은 정수시설에 도착해서 걸러지지요. 이곳에서 걸러진 유해물질은 너무나 독성이 강해서 유해폐기물 매립지에 따로 보관해야할 정도예요. 독성 물질은 사라지는 것이 아니라는 의미지요. 이 문제를 해결하는 가장 좋은 방법은 유해물질을 완전하게 만들어내지 않는 거예요.

그렇지만 보통의 쓰레기도 바닷물을

오염시켜요. 그리고 배들이 정기적으로 연료탱크를 바닷물로 세척하는데 그것 때문에도 매년 450,000 마리의 바닷새, 고래, 돌고래 등이 죽어요. 그리고 낙지와 오징어 등도 비닐 주머니를 삼켜서 죽지요. 그래서 우리는 바다와 바다에 사는 생물들을 위해서 할 수 있는 일이 있어요. 쓰레기를 줄이는 것, 작지만 매우 중요한 일이랍니다.

물고기가 위기에 처하다

매일 거대한 선단이 물고기를 잡기 위해 항해에 나서요. 그들은 엄청나게 큰 그물로 바다의 바닥까지 샅샅이 훑어요. 바다

1,000미터 아래까지 그물에 걸리는 모든 것들이 죽음을 맞이하지요. 원하지 않는 생선들이 걸리면 다시 바다로 던져져요. 그중에는 너무 작아서 시장가치가 없는 생선도 있고 그냥 팔리지 않는 생선도 있어요. 그리고 바닷새와 거북이, 돌고래도 포함되어 있어요. 앨버트로스와 같은 몇몇 종류들은 이런 파괴적인 어업 방식 때문에 멸종위기에 처해있어요.

그러나 이러한 어업방식만이 바다 생물들에게 재앙을 안겨주고 있는 것이 아니에요. 갈수록 많은 사람들이 생선을 먹기 때문에 큰 육식 동물인 참치나 대구는 그 수가 90퍼센트나 줄어들었어요.

12. 우리의 땅

여러분은 수백만 년 전에는 고래와 돌고래의 조상들이 땅에서 살았다는 사실을 알고 있나요? 모든 포유류는 바다에서 온 생명체로부터 진화했어요. 그중 몇몇 종은 다시 바다로 돌아갔어요. 고래와 돌고래가 그랬답니다. 이렇게 모든 것들이 서로 연결되어 있어요. 언젠가 바다 동물들이 우리와 함께 살기 위해서 다시 육지로 올라올지 누가 알겠어요?

친구 한 명과 손을 잡고 손이 떨어지지 않을 만큼 간격을 벌리고서 여러분이 서있는 곳에서 한 걸음을 크게 떼어 앞으로 나가보세요. 바로 이 순간에 여러분은 하나의 우주를 건너간 거예요. 여러분이 보지 못하는 생명이 가득한 우주가 여러분 발밑에서 움직이고 있어요. 바로 땅이에요. 이곳에서는 벌레, 곤충, 달팽이 등이 기어 다니고 버섯, 이끼 등이 자라고 선충류 같은 것들은 수백만 마리가 기어 다니고 있어요. 여러분이 그것들을 보지 못하지만 그곳은 엄청나게 많은 생명체가 붐비고 있지요. 그리고 그것들은 땅을 풍요롭게 만들어줘요.

우리 땅은 무엇으로 이뤄졌나?

땅에는 풍화작용으로 부서진 돌가루, 물, 공기, 죽은 식물과 서서히 썩어가는 동물, 그리고 흙이 붙잡고 있는 기체가 있어요. 산

소, 질소, 이산화탄소 등이에요. 맨 위쪽에는 식물과 동물이 분해되어 형성된 부식토가 있어요. 부식토는 건강한 식물의 성장에 매우 중요해요. 아쉽게도 우리 지구표면의 귀중한 층을 이루는 이 부식토 층은 매우 얇아요. 그래서 우리가 숲을 전부 베어버리고 모든 관목들을 치워버리면 비가 그 비옥한 부식토를 그냥 씻어 내려가버리게 되요. 다시 새로운 부식토층을 형성하기 위해서는 오랜 세월이 걸려요.

부식토 밑에 있는 층도 환경에 매우 중요해요. 예를 들어 비옥한 상층 바로 아래에 있는 점토층은 빗물을 걸러줘요. 빗물이 점토층을 통과해 스며들면서 더러운 물질을 그곳에 남겨서 지하수를 깨끗하게 해주지요. 그 아래에는 모암층이 있어요. 모암층은 나무와 관목처럼 깊은 뿌리를 가진 모든 식물들에게는 식량창고와 같은 역할을 해요. 각각의 층과 각각의 생명체는 자연에서 중요한 역할을 해요. 그것들을 치워버리거나 혼란을 주면 그것이 오직 한 곳이라고 하더라도 모든 것이 어긋나기 시작해요.

우리 땅을 망치는 세 가지 문제

오염, 봉인, 황폐화. 여러분이 이 세 가지 문제에 대해서 알고 난 다음에는 부모님들과 어른들에게 우리 땅을 위해서 무엇을 할 수 있는지 알려줄 수 있을 거예요.

오염

우리 인간은 땅 위에 집과 공장과 발전소를 짓고 살아요. 그리고 원유와 석탄, 소금 그리고 다른 많은 지하자원을 땅에서 캐내고 있어요. 우리가 더 이상 필요하지 않은 것들은 그냥 쓰레기장에 부어버리고 엄청나게 큰 쓰레기 산을 만들어버려요. 이 모든 행동들로부터 몸에 해로운 물질들과 종종 독성이 강한 물질들이 생겨나요. 예를 들어 주유소에는 심각한 질병과 암을 유발하는 벤젠과 같은 독성물질이 있어요.

땅이 심하게 오염되면 지하수에도 문제가 생겨요. 왜냐하면 독성물질이 지하수로 스며들기 때문이에요. 이런 사실을 우리 인간은 약 60년 전에 알게 되었어요. 이제는 많은 학자들이 이렇게 쌓인 오염물질들을 제거하는 연구를 하고 있어요. 그들은 오염된 땅을 캡슐처럼 감싸서 더 이상 독성물질이 빠져나오지 못하도록 하는 방법을 개발했어요. 다른 학자들은 독성물질을 땅에서 빨아들여서 독성이 없는 물질로 만드는 식물을 찾고 있어요.

봉인

모든 도로, 집, 운하, 파이프, 지하실 등은 땅을 봉인해버려요. 공기와 태양, 물 등을 막아서 새로운 생명이 생겨나는 것을 막고 있어요. 이러한 땅에 대한 봉인은 지구의 물에 커다란 영향을 미치고 있어요. 왜냐하면 땅은 빗물을 스펀지처럼 빨아들여서 서서히 그것을 필요로 하는 생명체에게 보내는 역할을 하는데 빗물이 아스팔트 위로 떨어지면 하수도로 흘러들어 빠르게 흘러가버리기 때문이에요. 식물과 동물에게는 너무나 적은 양만이 남아있게 되죠. 게다가 비가 많이 내리면 하수도와 운하는 모든 빗물을 처리할 능력이 없게 되요. 그래서 그 물을 빠르게 강과 저수지로 내보내게 되고 그러면 위험한 홍수가 나게 되요. 그렇기 때문에 땅을 필요 없이 인공적으로 덮는 일을 삼가야 해요.

황폐화

황폐화의 책임은 대부분 농업에 있어요. 경작지는 쉬는 기간 없이 옥수수, 콩, 밀과 같은 작물들이 심어져요. 이런 작물들은 땅으로부터 영양분을 빨아들이지만 언제나 모자라요. 땅이 새로운 영양분을 모을 시간을 주지 않기 때문이에요. 그

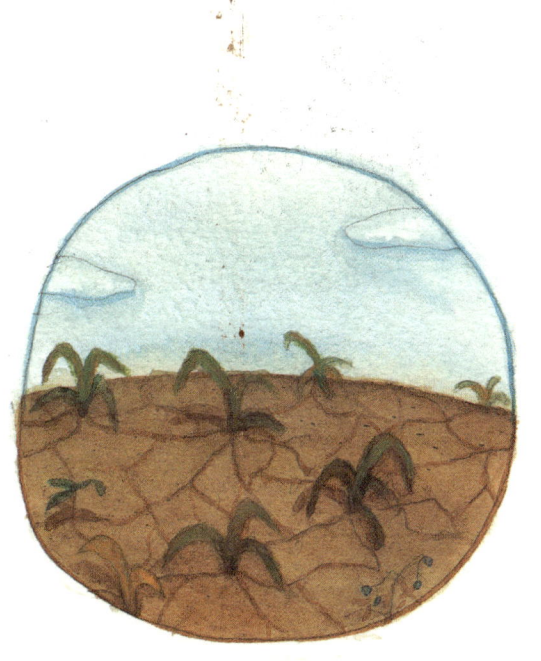

래서 땅이 황폐화되는 거랍니다. 그러면 당연히 그 위에서 자라는 식물도 건강하게 자라지 못해요. 식물을 크고 건강하게 만들 수 있는 영양분이 갈수록 적어지기 때문이에요 그러면 농부들은 인공 비료를 줘요. 식물이 자라는데 짧은 시간 동안은 도움이 되겠지만 땅에는 엄청난 부담을 주는 행동이에요.

13. 쓰레기

비닐봉지를 가지고 한 실험에서 우리는 땅이 그것을 제대로 처리하지 못한다는 사실을 배웠어요. 비닐봉지는 땅에서 나는 진정한 보물인 원유로 만들었지만 땅은 그 비닐로 아무것도 할 수가 없어요. 사실 우리 인간도 그것을 어떻게 처리해야 할지 전혀 모르고 있지요. 어떤 환경전문가가 한 말을 잘 생각해보세요. "비닐봉지는 순식간에 만들어지고 20분 정도 사용된다. 그러나 그것이 썩는 기간은 100년에서 400년이 지나야 한다." 그럴만한 가치가 있을까요? 몇몇 나라에서는 비닐봉지 사용을 금지시켰어요. 남아프리카 국가들과 미국의 샌프란시스코 시가 그런 지역에 속해요. 특히 미국에서는 쓰레기에 대해 고민을 특히 많이 해야만 해요. 왜냐하면 미국이 세상에서 가장 많은 쓰레기를 만들어내기 때문이에요. 미국의 갓난아기부터 노인에 이르기까지 하루 평균 2킬로그램의 쓰레기를 배출해요. 뉴욕시 같은 경우에는 1,600만 킬로그램이 되요. 오늘도, 내일도, 모레도, 그 다음날도…….

우리가 만든 쓰레기 냄새가 하늘까지 뻗치고 있어요. 우리 모두가 너무나 많은 쓰레기를 만들어내고 있지요. 가장 큰 쓰레기 더미는 종이에서 나와요. 신문, 포장지, 종이 가방, 냅킨 등은 언젠가는 전부 쓰레기통으로 들어가요. 그 다음으로 많은 쓰레기는 음식물쓰레기예요. 이것들은 유기비료로 만들어지면 크게 문제가 되지 않아요. 그 다음은 플라스틱, 금속, 고무 그리고 옷과 양말 같은 섬유예요. 여기부터는 문제가 어려워져요. 이것들은 어디로 보내야 할까요?

모든 쓰레기는 어디로 가는가?

우리나라에서 유리와 종이는 다른 쓰레기들과 잘 분리되어서 재활용되고 있어요. 어쩌면 지금 여러분이 마시고 있는 물을 담은 병도 과거에는 창문이나 병이었던 유리로 만들어졌을 수 있어요. 그리고 여러분의 학교 공책도 과거에 만화책이나 신문이었던 종이로 만들어졌을 수 있어요. 유리와 종이는 쉽게 재활용할 수 있거든요. 플라스틱은 훨씬 어려워요. 많은 것들이 염색이 되어있고 상표가 붙어있기 때문에 그것들로부터 새로운 플라스틱을 만들기에는 충분히 분리가 가능하지 않아요. 현재 우리가 가장 많이 사용하고 있는 페트병은 특별히 어려워요. 가끔은 페트병도 구매한 상점에 돌려주면 곧바로 재활용되는 것처럼 소비자를 현혹시키기도 하지만 그것은 사실이 아니에요. 왜냐하면 페트병은 유독물질을 담는 데도 사용될 수 있기 때문이랍니다. 페트병을 돌려줄 때 그 안에 물과 주스 외에 또 다른 어떤 물질이 들어있었는지 아무도 모르기 때문에 그것을 그냥 다시 사용할 수 없는 거예요. 그렇기 때문에 가장 좋은 음료수 용기는 유리로 만든 병이에요.

많은 쓰레기들은 재사용이 가능하지 않아요. 이것들은 쓰레기장이나 쓰레기소각장으로 보내져요.

재활용의 정확한 의미는 무엇인가?

재활용(리사이클링 Recycling)의 의미는 예를 들자면 사용한 깡통을 새로운 깡통으로 만드는 거예요. 그러나 그렇게 하기는 쉽지 않아요. 음료수 깡통으로는 보통 철사를 만들어요. 그렇기 때문에 환경보호 운동가들은 "다운사이클링(downcycling)"이라 불러야 한다고 주장하고 있어요. 다운은 영어로 아래라는 뜻이죠. 그래서 현재의 품질보다 한 단계 더 낮은 물건이 만들어진다는 것을 의미해요. 그렇게 말하는 것이 훨씬 더 진실에 가까워요. 그러면 새로운 음료수 깡통은 새로운 알루미늄으로 만든다는 것을 알게 되기 때문이지요. 음료수 깡통은 많은 지하자원과 많은 에너지를 소비하기 때문에 환경에 커다란 부담을 줘요.

재활용이 잘 되는 물질은 유리에요. 유리는 작은 조각으로 쪼갠 다음 세척해서 녹이면 되요. 통조림, 쇠파이프를 만드는 철도 커다란 자석을 이용해서 쓰레기로부터 분리해낼 수 있어요. 철도 유리처럼 용광

로에 녹여서 새로운 형태의 철로 만들 수 있어요. 종이도 잘게 갈아서 물과 함께 섞은 다음에 죽처럼 된 종이를 필터를 통해 스테이플러 침이나 잉크, 염료 등을 걸러내요. 이렇게 걸러진 깨끗한 종이 반죽을 말리면 다시 신문이나 공책으로 사용할 수 있어요. 아쉽게도 이런 과정은 12번까지만 반복이 가능해요. 그 다음에는 화장실 휴지로 만들어지지요.

그린피스가 제안하는 쓰레기 다이어트

쓰레기 다이어트의 기본적인 것만 요약하면 다음과 같아요.

- 주변 사람들을 설득해요. 부모님과 가족들이 최대한 적게 포장된 물건과 리사이클링 표시가 된 상품을 사도록 설득해봐요.
- 여러분 학교 매점을 살펴봐요. 알루미늄 깡통에 든 음료수를 파는지 살펴봐요. 학교 선생님과 매점 주인에게 그것들을 리사이클링 병을 사용하는 음료로 대체하도록 설득해봐요.

🍃 다이어트를 가장 많이 할 수 있는 것은 종이소비예요. 여러분과 주변에서 많은 문서들을 새하얀 종이에 프린트를 하

지 않나요? 그것도 한 면에만? 여러분이 변화시킬 수 있어요. 학교 선생님들과 부모님들께 얘기해서 프린터, 복사기 그리고 화장실에도 리사이클링 종이를 사용하도록 설득해요. 그리고 잘 모르는 어른들을 위해서 어떻게 양면으로 프린터와 복사기를 사용할 수 있는지 보여줘요.

14. 에너지

　여러분의 몸이 내연기관처럼 작동한다는 사실을 알고 있나요? 음식의 형태로 에너지를 흡수하면 여러분은 뛰고 춤추고 전속력으로 달릴 수 있어요. 그러나 정확하게 에너지란 무엇일까요? 우리가 살아가는데 필요한 열, 빛, 힘과 같은 것이에요. 우리는 열을 보일러와 난로로 만들어내요. 빛은 스위치를 누르면 켜지지요. 힘은 우리가 사과나 밥을 먹음으로써 가져와요. 이렇게 간단하면 얼마나 좋을까요? 그렇다면 보일러와 난로, 전기 스위치는 어디에서 에너지를 가져올까요? 그리고 자동차는 오르막길을 달릴 수 있는 힘을 어디에서 얻을까요? 밥으로부터는 분명히 아닐 거예요.

　에너지는 여러 종류가 있으며 에너지를 변형시키고 전달하는 방법에도 여러 가지 형태가 있어요. 난로에 나무를 집어넣어서 태우면 나무가 타면서 내는 열에너지가 우리에게 전달돼요. 보일러도 비슷하게 작동해요. 단지 우리가 난로처럼 직접적으로 보지 못할 뿐이에요. 왜냐하면 열이 도시가스나 기름을 태우는 보일러에서 발생하기 때문이지요. 발전소에서는 전등을 위한 에너지를 만들어내요. 바로 전기에너지예요. 전구는 전기를 빛으로 바꿔줘요. 냉장고는 전기를 찬 공기와 얼음으로 바꾸고 텔레비전은 전기를 화려한 동화상으로 바꿔줘요. 이렇게 에너지는 절대로 사라지지 않아요. 언제나 다른 형태로 바뀔 뿐이에요. 빛과 힘과 열로.

전기가 없는 세상은 상상할 수 없다

전기가 없는 우리의 일상은 거의 상상할 수가 없어요. 만약 그렇다면 우리는 어둠 속에 있게 될 것이고 텔레비전과 영화를 볼 수 없게 되겠지요. 어쩌면 불타는 촛불 뒤에서 하는 그림자놀이는 볼 수 있을지 모르지요. 전화도 없고 핸드폰도 없을 거예요. 핸드폰이 비록 선과 연결되어 있지는 않지만 전기는 필요해요. 그래서 우리는 건전지를 계속해서 충전시키는 거예요.

우리 모두는 발전소에서 전기를 보내는 네트워크에 묶여 있어요. 우리가 전기를 사용하면 전기를 보내주는 곳에서는 우리가 전기를 얼마나 사용하는지를 정확하게 측정하고 여러분의 부모님이 그 비용을 지불해요. 전기의 측정은 시간당 킬로와트 단위로 해요. 100와트 전구를 100시간 동안 켜놓으면 시간당 1킬로와트를 소비하게 되요. 이 정도의 전기량은 시간당 1킬로와트로 약 3일 동안 냉장고 한 대를 사용할 수 있어요. 그리고 커다란 텔레비전을 약 두 시간 동안 볼 수 있어요.

전기

갈수록 많은 전기가 전선을 통해서 여러분 집에 있는 소켓까지 전달되요. 그 소켓에도 갈수록 많은 기기들이 꼽히고 있어요. 여러분의 부모님이 아기였을 때는 석탄, 기름, 천연가스를 현재보다 절반밖에 태우지 않았어요. 그리고 차츰 전기 생산도 늘어났어요. 여러분이 세상에 태어났을 때보

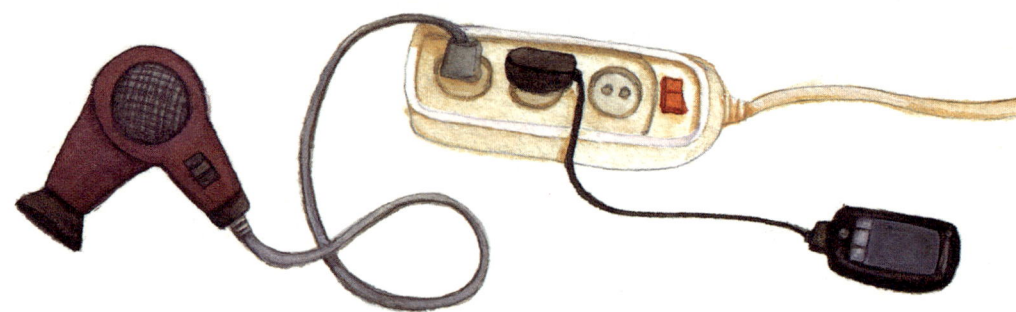

다 전기 생산량은 세 배나 늘어났어요. 그렇지만 가장 중요한 에너지원은 그때와 똑같아요. 기름, 천연가스, 석탄 등이지요. 이런 연료는 어디에서 올까요?

원유는 5억 년 전에 생겨났어요. 그때 작은 동물들이 바다에서 죽어 바닥에 가라앉았고 그곳에 모래층이 덮였어요. 그래서 그 죽은 동물들은 썩지 못하고 서서히 원유로 되었어요. 이 과정에서 천연가스도 생겨났지요. 그래서 원유와 천연가스는 종종 매우 가까운 곳에 위치하는 거랍니다.

석탄도 몇 백만 년 전에 죽어서 썩지 않은 생명체에 의해서 만들어졌어요. 예를 들어 넘어진 나무들과 다른 죽은 식물들이 습지의 진흙에 갇혀서 서서히 석탄이 되었어요. 이런 일들이 과거에는 자주 발생했고 그래서 현재는 세상에 많은 석탄 광산이 있어요. 전문가들은 석탄 매장량이 5,000억 톤이 넘을 것이라고 추측하고 있어요. 이것은 우리 인간이 석탄만을 사용해서 에너지를 얻는다고 가정할 때 앞으로 300년간 사용할 수 있는 양이에요.

대체 에너지원 – 바람, 물, 태양, 땅의 거대한 힘

원유, 천연가스, 석탄이 만들어내는 환경에 대한 높은 부담 때문에 사람들은 이미 오래 전부터 다른 환경친화적인 에너지원을 찾아왔어요. 그래서 원자력을 찾았어요. 지구의 모든 물질은 원자로 구성되어 있어요. 그리고 원자는 다시 핵과 그것을 둘러싼 여러 가지 전자로 구성되어 있고요. 그 중(우라늄과 같은) 몇 개 원자는 인공적으로 나눌 수가 있어요. 원자를 나누는 과정에서 에너지가 발생하고 그 에너지를 전기로 만들 수 있어요. 이때 원유, 석탄, 천연가스와는 달리 탄소로 된 물질을 태우지 않기 때문에 기후에 해로운 이산화탄소가 발생하지 않아요. 그럼에도 불구하고 원자력은 환경에 매우 위험해요. 생명체를 위협하는 방사선이 나오기 때문이에요. 위험하지 않으면서 자연친화적인 에너지는 자연이 제공해요. 바람, 물, 태양 그리고 지열이 그것이랍니다.

풍력

바람의 힘은 쉽게 활용할 수가 있어요. 바람은 풍차에서처럼 풍력발전기의 회전날개를 돌려요. 이 기계적 에너지가 전기발전기로 전달되어 전기를 만들어내요. 이 거대한 탑의 장점은 배기가스로 환경을 해치지 않으면서 전기를 생산한다는 것이지요. 아쉽게도 몇몇 사람들은 풍력발전기가 만들어내는 소음과 그늘 때문에 불편함을 느끼기도 해요. 그래서 자동차 소리가 풍력발전기의 소음을 넘어서는 고속도로를 따라 설치하는 나라가 많아요. 그리고 사람이 살고 있는 곳으로부터 400미터 이상 떨어진 곳에 설치하지요.

수력

물의 에너지는 아주 오래전부터 이용되어 왔어요. 계곡이나 냇가에 물레방아를 지어서 물이 바퀴를 돌리면 그 힘으로 방아를 찧게 했어요. 바로 이런 물의 힘을 수력발전소가 활용하는 거예요. 물이 거대한 터빈을 돌려서 전기를 만들어내요. 이렇게 물로 에너지를 얻는 방식의 장점은 명확해요. 물은 우리 파란색 행성에 충분히 많이 있고 고갈되지 않는 에너지원으로 사용할 수 있다는 점이에요. 그러나 단점도 있어요. 수력발전소를 세울 때마다 자연에 간섭을 하게 되거든요. 강에 수력발전소를 지으면 물고기들이 피해를 입어요. 댐을 지으면 저장되는 물들이 엄청나게 많은 비옥한 땅을 삼켜버리고 땅에 사는 많은 생명체들의 생활공간을 파괴해요.

태양 에너지

태양전지는 태양광선을 직접 전기로 바꿔요. 태양에서 전기를 만들기 위해서는 태양과 모래만 있으면 되요. 사실은, 그것보다는 조금 더 많은 것이 필요하기는 해요. 매우 복잡한 기술이 필요

하지요. 태양전지의 기초물질인 실리콘을 만들어야 하는데 그것은 모래를 원료로 매우 복잡한 과정을 거쳐야 만들어낼 수 있어요. 그러나 일단 태양전지가 만들어지면, 태양 에너지만 있으면 전기가 만들어져요. 그리고 바로 여기에 문제가 있어요. 일조량이 많지 않은 나라에서는 태양 에너지의 기복이 너무 심해요. 그래서 매일 태양열에 의한 전기를 공급받는다는 보장이 없는 거예요. 다른 지역들, 예를 들어 적도 부근의 지역에서는 태양이 훌륭한 에너지원이 될 수 있어요. 이 지역의 나라들은 매우 덥고 또한 가난하기 때문에 태양 에너지가 좋은 대안이 될 수 있어요. 그러기 위해서는 모든 나라가 태양열 발전소를 사고 지을 수 있도록 이 기술이 더욱 저렴해져야 해요.

지열

우리 지구의 땅속은 뜨거워요. 지구의 안쪽에서는 우리가 에너지로 사용할 수 있는 열을 내보내요. 우리는 지열이 얼마나 뜨거운지 온천을 보고 확인할 수 있어요. 아이슬란드에는 특히 온천이 많고 그곳 사람들은 이미 오래 전부터 그것을 사용할 줄 알았어요. 아이슬란드에서는 난방을 지열을 이용해서 해요. 그러나 다른 나라에서도 지열을 이용해요. 왜냐하면 땅 밑에는 온도가 일정하고 언제든지 위로 끌어다 사용할 수 있는 에너지가 확실하게 존재하기 때문이에요.

에너지를 절약하라

여러분은 일상에서 에너지와 함께 환경에 부담을 주는 많은 이산화탄소를 절약할 수 있어요. 그리고 여러분의 부모님들도 매우 관심이 많으실 거예요. 왜냐하면 에너지를 절약하면 돈도 절약할

수 있기 때문이지요.

백열등 대신 에너지절약 램프를 사용하도록 해요

에너지절약 램프는 백열등보다 20배를 더 오래 사용할 수 있고 전기사용량과 함께 계산해보면 10배 이상을 절약할 수 있어요. 이때 중요한 것은 에너지절약 램프를 살 때 싼 것을 사지 말아야 해요. 싼 램프는 빨리 망가지고 비싼 램프보다 더 많은 에너지를 소비해요. 또한 독성물질을 가지고 있어요. 많은 부모님들이 이 사실을 모르고 있어요. 에너지절약 램프가 중금속을 포함하고 있기 때문에 버릴 때는 따로 분리해서 버려야 해요.

부엌에서의 에너지절약

뚜껑을 덮지 않고 물을 끓이면 끓는 시간이 길어지기 때문에 뚜껑을 덮고 끓이는 것보다 에너지가 4배나 더 들어가요.

가전기구의 "대기" 기능을 사용하지 않도록 해요

 텔레비전, 음악기기, DVD플레이어 등이 완전히 꺼지지 않으면 대기 상태에 있게 되요. 언제든 다시 켤 수 있는 상태라는 의미지요. 그러나 그게 어디에 쓸모가 있을까요? 빨간 램프가 빛을 내면서 많은 양의 에너지를 소비해요. 그러나 대기 모드에서 텔레비전을 켜는 시간이 완전히 꺼진 상태에서 켜는 것보다 겨우 1초 빠를 뿐이라는 사실을 생각해야 해요.

15. 세상의 전쟁과 폭력

　인류가 역사를 쓰기 시작하면서부터 다툼과 전쟁에 대한 기록이 있어왔어요. 아마도 전쟁은 언제나 있었던 것 같네요. 어쩌면 여러분도 노인들로부터 그들이 겪었던 6.25에 대해서 들어봤을지 모르겠어요. 사람들이 죽고 사랑했던 모든 것들을 잃어버리게 했던 전쟁에 대해서! 60년 전에 일어났던 일이에요. 그러나 현재에도 세계에는 많은 전쟁이 치러지고 있고 많은 사람들의 생명을 파괴하고 있어요.

　유엔은 현재 2,500만 명이 전쟁을 피해 난민이 되어 있다고 추산하고 있어요. 전쟁이 그들의 집과 경작지 그리고 모든 재산을 파괴했어요. 최소한 그들과 아이들의 생명이라도 구하기 위해 그들은 살던 마을과 도시를 떠나 평화로운 지역에서 보호받기를 원하고 있어요. 이들 대부분은 자신의 국가에 남고 싶어 해요. 그래서 전쟁지역 내에서 거대한 피난민 행렬이 생겨나는 거예요. 그들 중 소수만이 먼 길을 지나 안전하고 부유한 유럽과 북아메리카 나라까지 찾아와요. 약 2,500만 명의 난민 중에 100만에서 200만 명이 유럽으로 가는 것으로 추산되고 있어요.

안전한 곳에서 살고 있는 우리는 작은 분쟁들에 관해서는 전혀 듣지도 못해요. 그러나 작은 분쟁들도 그 지역 사람들에게는 헤아릴 수 없을 만큼 커다란 고통을 줘요. 현재 세계에서 40개가 넘는 국가가 전쟁을 하고 있어요. 전쟁에는 수많은 원인들이 있고 그중 대부분은 간단하게 설명하기가 쉽지 않아요. 그러나 모든 전쟁이 가지고 있는 공통점은 커다란 재앙을 불러온다는 점이에요. 전쟁은 사람들과 환경에 커다란 어려움을 가져다줘요. 전쟁은 수도 및 전기 시설, 집, 학교, 병원, 경작지, 초원 등을 파괴해요.

어린이 - 죄 없는 전쟁의 희생양

200만 명이 넘는 어린이들이 세계 1차 대전과 2차 대전 그리고 2000년까지의 전쟁에서 목숨을 잃었어요. 그보다 세 배가 넘는 어린이들이 부상을 당했고 그중 많은 수가 다시 건강을 회복하지 못했어요.

어른들에 의해서 전쟁에 참여하도록 강요받는 어린이들도 상상할 수 없는 고통에 시달리고 있어요. 250,000에서 300,000명에 달하는 어린 병사들이 세계에 있어요. 서울이나 부산에 살고 있는 어린이들보다 조금 적은 숫자에요. 이 어린 병사들의 일상은 폭력과 잔인함 그리고 무조건적인 복종으로 얼룩져있어요. 이들 중 대부분은 무장한 군인들에 의해서 납치되었고 그 과정에서 가족들이 위협당하고 심지어는 죽임을 당하는 장면을 목격했어요. 납치자들은 그들에게 복종할 것을 강요해요. 그들은 아이들을 때리고 못살게 굴면서 잔인한 행동을 하도록 강요하는 거예요. 아이들은 무거운 무기와 부상자, 식량, 텐트 등을 운반해야 하며 깨끗한 물과 충분한 음식을 제공받지 못하고 있어요.

가정과 학교에서의 폭력

우리나라에도 폭력에 시달리는 아이들이 있어요. 폭력은 어떤 형태이든 야만적이고 나쁜 짓이지요. 폭력은 많은 좋지 않은 결과를 가져와요. 학교에서 폭력을 행사하는 아이들은 집에서 부모나 형제들에게 폭력을 당하는 아이들일 경우가 많아요. 안타깝게도 폭력을 당하는 아이들 중 많은 수가 스스로 폭력을 행사하게 된다

고 해요. 다른 사람을 위협하고 폭력을 행사하는 아이들은 다른 아이들에게 엄청난 두려움을 안겨줘요. 그러나 폭력을 행사하는 그 아이도 두려움을 안고 사는 경우가 많아요.

여러분이 맞거나 성폭력을 당하는 아이들을 보면 도와주세요! 그들을 돕는 첫 걸음은 쉬워 보이지만 대단히 어려워요. 대화를 나누는 것이 중요해요. 많은 아이들에게는 스스로 경험한 굴욕을 이야기하는 것이 무척이나 힘들어요. 그러나 여기에서 모두가 명심해야 할 것이 하나 있어요. 악과 맞서는 것이 절대 창피한 일이 아니라는 거예요. 맞을 이유가 있는 아이는 어디에도 없어요. 아이를 때리는 사람은 자신이 악을 행하고 있다는 사실과 법적으로 엄격하게 금지되어 있다는 사실을 알아야 해요. 우리나라 법에 의하면 자녀를 때리는 부모는 벌을 받아요. 그러나 이 법도 경찰이나 판사가 그 사실을 알아야 효력을 발휘할 수 있어요. 친구나 여러분이 믿을 수 있는 어른이나 상담전화와 이야기해요. 그들이 여러분을 도와서 많은 좋은 일을 할 수 있을 거예요.

학교에서의 왕따

우리나라에서 갈수록 많은 아이들이 동료 학생들로부터 규칙적으로 괴롭힘과 놀림을 당하고 심지어는 맞기까지 하는 일을 겪고 있어요. 처음에는 욕을 하고 조롱하는 일에서부터 시작하다 신경질을 내고 무시를 하다가 때리고 발로 차기가지 해요. 종종 겁이 많고 자신감이 부족한 아이들이 이런 일을 당해요. 아니면 대부분의 학생과 다른 부분이 있는 아이들이 왕따를 당해요. 그런 아이들은 더 이상 견딜 수 없게 되면 그리고 아무도 도와주지 않으면 굴욕감만 안겨주는 학교를 떠나게 되요. 그러나 학교를 떠난다고 해서 아이들의 마음이 편해지지는 않아요. 오히려 아무도 자신을 좋아하지 않고 자기는 패배자라는 느낌을 받게 되지요. 여러분이 이런 아이들을 돕고 싶으면, 사이트에서 방법을 찾을 수 있어요.

용기를 가져라!

여러분이 다른 아이나 어른이 어려움을 겪고 있는 것을 보면 도와주세요. 예를 들어 어떤 아이가 버스에서 다른 아이들로부터 괴롭힘을 당하지만 어쩔 줄 몰라 하고 있을 때 여러분이 무엇인가를 해야 할 때가 된 거예요. 가장 좋은 방법은 버스 기사에게 가서 무슨 일이 벌어지고 있는지 알려주세요. 혹은 학교 친구가 집에서 부모나 형제들과 문제가 있을 경우에는 그 친구와 대화를 하세요. 그러면 함께 해결할 수 있는 방법을 찾을 수 있을지도 몰라요. 그렇지 않더라도 여러분과 친구를 돕고 조언해줄 많은 사람들이 있어요.

16. 세계화 - 정의로운가 아니면 나쁜가?

여러분도 세계화라는 단어를 들어본 적이 있을 거예요. 어른들은 세계화가 우리에게 좋은지 나쁜지에 대해서 서로 다툼을 벌이곤 해요. 현대적인 기술과 거대한 배, 비행기, 고속전철 등과 같은 교통수단의 발달로 오늘날에는 거의 모든 개인이 세계의 모든 사람들과 거래를 할 수가 있어요. 열대우림에 사는 인디오는 우리나라에 자기가 직접 깎은 나무인형을 팔 수 있고 우리나라 사람은 건전지로 작동하는 라디오를 그에게 팔 수 있어요. 이런 현실이 많은 사람들의 삶을 편하게 만들어주고 있지요.

그러나 단점도 있어요. 예를 들어 환경오염을 가져오는 건전지나 라디오

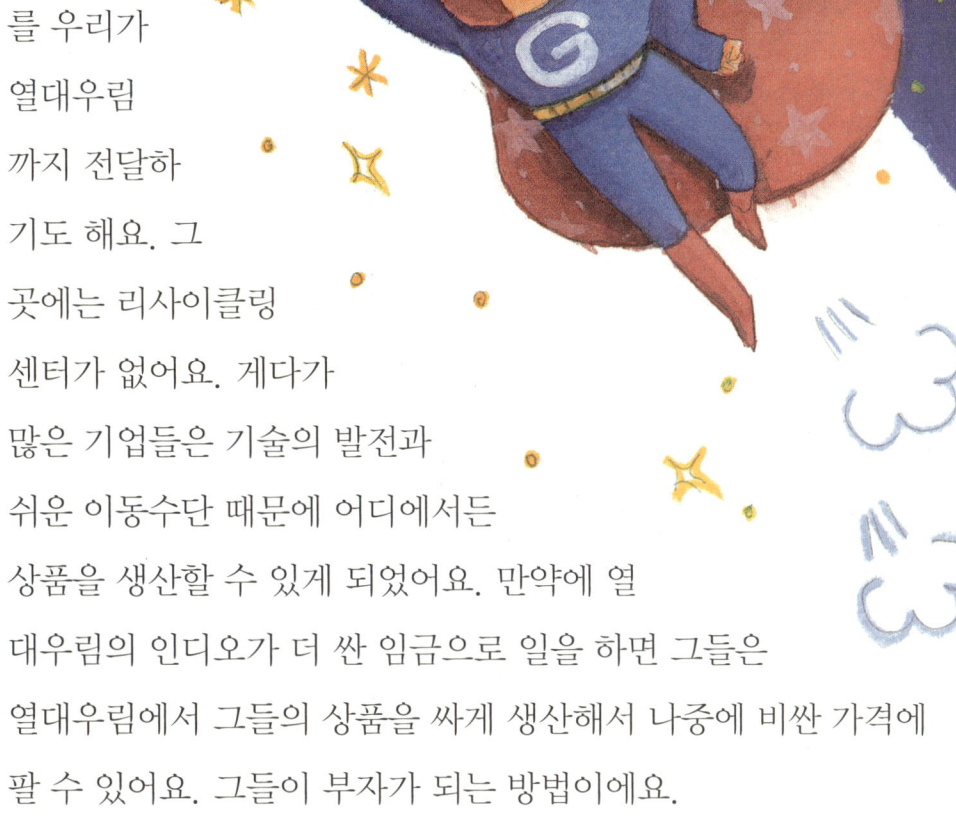

를 우리가 열대우림까지 전달하기도 해요. 그곳에는 리사이클링 센터가 없어요. 게다가 많은 기업들은 기술의 발전과 쉬운 이동수단 때문에 어디에서든 상품을 생산할 수 있게 되었어요. 만약에 열대우림의 인디오가 더 싼 임금으로 일을 하면 그들은 열대우림에서 그들의 상품을 싸게 생산해서 나중에 비싼 가격에 팔 수 있어요. 그들이 부자가 되는 방법이에요.

그러면 인디오는 어떻게 될까요? 처음에는 그들에게도 좋은 일인 것처럼 보여요. 일자리와 정기적인 수입이 생기기 때문이죠. 그러나 그런 상태는 오래가지 못해요. 왜냐하면 세상에는 가난한 사람들이 많아서 기업가들에게 더 싼 임금에 일을 하겠다고 나서기 때문이에요. 그러면 인디오는 직장을 잃게 되요. 기업가들은 돈을 더 절약하면서 상품을 생산할 수 있는 곳으로 공장을 옮겨버리거든요. 그렇게 되면 인디오는 일자리만 잃는 것이 아니에요. 과거에는 나무가 있어서 그것으로 나무인형을 깎을 수 있었던 곳에는 빈 공장만 남아있게 되거든요.

이것이 세계화의 두 가지 얼굴이에요. 소수의 사람들은 매우 부자가 되고 대신에 많은 다른 사람들은 더욱 가난해져요. 다행히도 이 두 가지 극단적인 경우 외에도 다른 많은 경우가 존재하긴 해요. 세계화 덕분에 약간의 덕을 보는 사람들도 있어요. 그리고 가난한 나라에서 약간의 덕을 본다는 것은 살아가는데 매우 중요할 수 있어요.

우리가 원하는 세상을 위해 스스로 변하라

마하트마 간디가 한 말이에요. 인도 출신의 마르고 키 작은 이 남자는

자기 고향에서 평화와 정의를 위해 싸웠어요. 그러기 위해서 그는 무기도 돈도 필요하지 않았어요. 그의 용기와 생각이 그를 유명하게 만들었어요. 그가 죽은 지 50년이 지난 지금에도 사람들은 그에 대해서 이야기하고 있어요. 여러분이 그의 뒤를 따르고 싶다면 여러분이 그렇게 되도록 도와줄 사람이 많이 있답니다. 작지만 바로 옆에 있는 일에서부터 시작하도록 해요!

우리는 이 책이 그 길을 가려는 여러분에게 약간의 정보와 조언이 되었기를 바래요. 그리고 여러분 스스로가 더 좋은 세상을 만들기 위한 좋은 아이디어를 가지고 있을 것이라고 확신해요.